PICTURE DICTIONARY

GERMAN-ENGLISH

GERMAN-ENGLISH PICTURE DICTIONARY

Illustrated by Kathryn Adams, Pat Gangnon, Colin Gillies, David Shaw and Yvonne Zan.
Designed by David Shaw and Associates.

Typesetting by Osgoode Technical Translations.

Color separations by New Concept Limited.

Printed in Canada by Metropole Litho Inc.

In this dictionary, as in reference works in general, no mention is made of patents, trademark rights, or other proprietary rights which may attach to certain words or entries. The absence of such mention, however, in no way implies that the words or entries in question are exempt from such rights.

English-language editors: P. O'Brien-Hitching, R. LeBel, P. Renyi, K. C. Sheppard

German editors: R. Fuhrman, C. Gunsch, L. Kruse

Originally published by Éditions Rényi Inc., Toronto, Canada

Distributed exclusively in trade and education in the United States of America by Langenscheidt Publishers, Inc., Maspeth, New York 11378

Hardcover	ISBN 0-88729-852-4
Softcover	ISBN 0-88729-858-3

Distributed outside the USA by Éditions Rényi Inc., Toronto, Canada

Hardcover	ISBN 0-921606-20-6
Softcover	ISBN 0-921606-98-2

INTRODUCTION

Some of Canada's best illustrators have contributed to this Picture Dictionary, which has been carefully designed to combine words and pictures into a pleasurable learning experience.

Its unusually large number of terms (3336) makes this Picture Dictionary a flexible teaching tool. It is excellent for helping young children acquire language and dictionary skills. Because the vocabulary it encompasses is so broad, this dictionary can also be used to teach new words to older children and adults as well. Further, it is also an effective tool for teaching English as a second language.

THE VOCABULARY

The decision on which words to include and which to leave out was made in relation to three standards. First, a word-frequency analysis was carried out to include the most common words. Then a thematic clustering analysis was done to make sure that words in common themes (animals, plants, activities etc.) were included. Finally, the vocabulary was expanded to include words which children would likely hear, ask about and use. This makes this dictionary's vocabulary more honest than most. 'To choke', 'greedy', 'to smoke' are included, but approval is withheld.

This process was further complicated by the decision to *systematically* illustrate the meanings. Although the degree of abstraction was kept reasonably low, it was considered necessary to include terms such as 'to expect' and 'to forgive', which are virtually impossible to illustrate. Instead of dropping these terms, we decided to provide explanatory sentences that create a context.

Where variations occur between British and North American English, both terms are given, with an asterisk marking the British version (favor/favour*, gas/petrol*).

USING THIS DICTIONARY

Used at home, this dictionary is an enjoyable book for children to explore alone or with their parents. The pictures excite the imagination of younger children and entice them to ask questions. Older children in televisual cultures often look to visual imagery as an aid to meaning. The pictures help them make the transition from the graphic to the written. Even young adults will find the book useful, because the illustrations, while amusing, are not childish.

The dictionary as a whole provides an occasion to introduce students to basic dictionary skills. This work is compatible with school reading materials in current use, and can serve as a 'user-friendly' reference tool.

Great care has been taken to ensure that any contextual statements made are factual, have some educational value and are compatible with statements made elsewhere in the book. Lastly, from a strictly pedagogical viewpoint, the little girl featured in the book has not been made into a paragon of virtue; young users will readily identify with her imperfections.

AN MEINE NEUEN FREUNDE

Ich heiße Ulli. Ich bin ein kleines Mädchen. Ich gehe in die Schule und ich lerne schwimmen. Ich habe auch einen kleinen Bruder und eine Menge Ideen! Wenn du meinen Vater, den Admiral, kennenlernen möchtest, schau auf die rechte Seite. Dort wirst du ihn ganz unten finden. Meine Mutter ist auf der nächsten Seite oben. Wenn du mich kennenlernen willst, such mich beim Wort ''calm''.

Es gibt Leute, die glauben, Wörterbücher sind fad. Die haben wahrscheinlich dieses Wörterbuch nie gesehen – ein Wörterbuch, in dem es sich um mich und um die Leute, die ich kenne, handelt.

Fünf erwachsene Zeichner haben das Wörterbuch illustriert und dabei viel Spaß gehabt. Ich habe eine der Abbildungen (das Zebra) selbst gemacht. Kannst du sie finden?

Ich muß jetzt gehen. Such mich im Wörterbuch.

Ulli

P.S. Wenn du mir über unser Wörterbuch schreiben möchtest, frag deine Eltern oder deinen Lehrer um meine Adresse.

der Abakus

1   abacus

über, ungefähr, um

Erzähl mir darüber.
Es dauert **ungefähr** eine Stunde.
Hans kümmerte sich **um** seine Arbeit.

Tell me about it.
It takes about an hour.
Hans went about his work.

2   about

Der Apfel ist **über** ihrem Kopf.

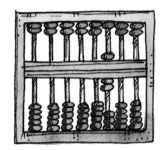

3   above

Paul ist heute **abwesend**: er fehlt.

4   absent

Jedes Auto hat **ein Gaspedal**.

5   accelerator

der Akzent, die Betonung

Artur spricht mit **einem deutschen Akzent**.
Die Betonung ist auf der ersten Silbe.

Arthur speaks with a German accent.
The accent is on the first syllable.

6   accent

der Unfall

7   accident

die Ziehharmonika

8   accordion

Alle **beschuldigen** Eva.

9   to accuse

das Pik-As

10   ace

Mein Kopf **tut weh**.

11   My head aches.

Säure brennt die Haut.

12   acid

Aus winzigen **Eicheln** wachsen mächtige Eichen.

13   acorn

die Akrobatin

14   acrobat

gegenüber, durch

Paul wohnt **gegenüber**.
Er muß **durch** den Bach waten.

Paul lives across the street.
He has to wade across the creek.

15   across

addieren, zusammenzählen

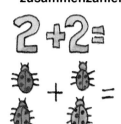

16   to add

Das ist Ullis **Adresse**.

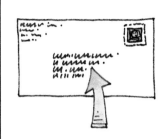

17   address

Ullis Vater ist **ein Admiral**.

18   admiral

Ich **liebe** dich **über alles**.

19   to adore

der Erwachsene

20   adult

Zieh mit dem König **vorwärts**.

21   to advance

Ist es **ein Vorteil**, groß zu sein?

22   advantage

Ullis Mutter liebt **Abenteuer**.

23   adventure

Er **hat Angst**.

24   He is **afraid**.

Afrika ist ein Kontinent.

25   Africa

nach

Du darfst **nach** dem Essen spielen.
Sprich mir **nach**!
Lauf dem Ball **nach**!

You can play after dinner.
Repeat after me!
Go after the ball!

26   after

Der Nachmittag beginnt um 12 Uhr.

27   afternoon

noch einmal, wieder

Spiel es **noch einmal**!
Dann **wieder** könntest
du auch mal etwas anderes spielen.

Play it again!
Then again, you could play something different.

28   again

Mieze streicht Kurt um die Beine.

29   to rub **against**

Welch ein **Alter**sunterschied!

30   age

Athleten sind sehr **gelenkig**.

31   agile person

gestrandet

32   aground

vor, voraus

In der Schule sitzt Helene **vor** Otto.
Plane deine nächsten Ferien im **voraus**.

Helen sits ahead of Otto in school.
Plan ahead for your next holiday.

33   ahead

zu **Hilfe** kommen

34   to provide **aid**

Zielt sie genau?

35   to aim

Der Drachen fliegt durch **die Luft**.

36   air

die Luftmatratze

37   air mattress

Das Insekt ist in einem **luftdichten** Gefäß.

38   airtight

das Flugzeug

39   airplane/aeroplane*

Flugzeuge landen am **Flughafen**.	**der Gang**	**der Wecker**	**das** Photo**album**
40 airport	41 aisle	42 alarm clock	43 album
Das Haus steht **in Flammen**.	Einer der Fische ist noch **lebendig**.	Ich will sie **alle**.	Eine Katze streicht um **die Gasse** herum.
44 alight	45 alive	46 I want them **all**.	47 alley
der Alligator	**die Mandel**	Rex kann den Knochen **fast** schnappen.	Warum sitzt er **allein**?
48 alligator	49 almond	50 almost	51 alone
Hugo und Else spazieren dem Ufer **entlang**.	**laut**	**das Alphabet** ABCDEFGHIJKLM NOPQRSTUVWXYZ abcdefghijklm nopqrstuvwxyz	Muß ich **schon** gehen?
52 along	53 aloud	54 alphabet	55 Do I have to go **already**?
Es tut weh, aber ich bin **okay**.	Ich möchte **auch** davon.	**die Aluminium**leiter	Ich falle **immer** hin.
56 I am **alright**.	57 I **also** want some.	58 aluminum/aluminium* ladder	59 I **always** fall down.

der Krankenwagen, das Krankenauto, die Ambulanz

60 ambulance

der Wolf unter den Schafen

61 wolf among sheep

der Anker

62 anchor

uralt

63 ancient

der Winkel

64 angle

Er ist **böse**.

65 He is angry.

die Tiere

66 animals

der Knöchel

67 ankle

verkünden

68 to announce

noch ein belegtes Brot

69 another sandwich

Die Antwort ist. . .

70 The answer is…

die Ameise

71 ant

die Antarktis

72 Antarctic

die Antilope

73 antelope

das Geweih

74 antlers

Ich habe kein Geld.

75 I do not have any money.

Sie frißt alles.

76 It eats anything.

Er kann nirgends hin.

77 He cannot go anywhere.

Eine Weinbeere liegt **abseits**.

78 apart

der Affe

79 ape

der Bienenstand

80　　apiary

sich entschuldigen

Wenn man sagt: 'Es tut mir leid'', **entschuldigt** man **sich**.
Ich **entschuldige mich** für meine Verspätung.

To apologize means to say you are sorry.
I apologize for being late.

81　to apologize/apologise*

scheinen, erscheinen

Er **erschien** aus heiterem Himmel.
Es **scheint** zu schneien.
Die Königin **erschien** im Fernsehen.

He appeared out of nowhere.
It appears to be snowing.
The Queen appeared on television.

82　　to appear

applaudieren

83　to applaud

der Apfel

84　　apple

der Apfelbutzen

85　　apple core

sich nähern, näherkommen

86　to approach

die Aprikose, die Marille

87　　apricot

Aprilregen bringt Maisegen.

88　　April

die Schürze

89　　apron

das Aquarium

90　　aquarium

der Bogen

91　　arch

der Architekt

92　　architect

Es ist sehr kalt in der **Arktis**.

93　　Arctic

(sich) streiten

94　to argue

der Arm

95　　arm

der Sessel

96　　armchair

Olaf trägt **eine Rüstung**.

97　armor/armour*

die Achselhöhle

98　　armpit

um, rings um

Rund **um** die Welt in 80 Tagen.
Der See ist **rings um** die Insel.
Adam ging **um** die Ecke.

Around the world in 80 days.
The lake is all around the island.
Adam went around the corner.

99　　around

Blumen arrangieren

100   to **arrange** flowers

Die Polizei verhaftete Fritz.

101   to **arrest**

hereinkommen, ankommen

102   to **arrive**

der Pfeil

103   arrow

die Artischocke

104   artichoke

der Künstler

105   artist

so, wie

So bald du willst.
Schön wie ein Bild.

As soon as you like.
As pretty as a picture.

106   as

die Asche

107   ash

der Aschenbecher

108   ashtray

Asien ist ein Kontinent.

109   Asia

jemanden nach dem Weg **fragen**

110   to **ask** for directions

Marie und Mieze schlafen beide fest.

111   asleep

der Spargel

112   asparagus

Zwei **Aspirin**tabletten könnten helfen.

113   aspirin

Josef hat Grete mit seinen Leistungen **erstaunt.**

114   to **astonish**

der Astronaut

115   astronaut

der Astronom

116   astronomer

zu

Helene ist mit ihrem Vati **zu** Hause.
Sie schauen das Bild an.
Geh sofort schlafen!

Helen is at home with her dad.
They are looking at the picture.
Go to bed at once!

117   at

die Athletin

118   athlete

der Atlas

119   atlas

die Atmosphäre	**das Atom**	**festmachen, fesseln**	**Paß auf!**
120 atmosphere	121 atom	122 to attach	123 Pay attention!
die Dachstube	**das Publikum**	**August** ist ein Sommermonat.	Meine **Tante** ist die Schwester meiner Mutter.
124 attic	125 audience	126 August	127 My **aunt** is my mother's sister.
Australien ist ein Inselkontinent.	**der Autor**	eine **automatische** Weckvorrichtung	**der Herbst**
128 Australia	129 author	130 automatic	131 autumn
die Lawine	**die Avocado**	Warum ist Fritz **wach**?	Sie ist **weg**.
132 avalanche	133 avocado	134 awake	135 She is **away**.
ein **furchtbarer** Geruch	eine **unbeholfene** Person	**die Axt**	**Die Achse** verbindet die beiden Räder.
136 an **awful** smell	137 an **awkward** person	138 axe	139 axle

B

Babys sind herzig.

140   baby

der Kinderwagen

141   baby carriage/pram*

Kratz mir den **Rücken**!

142   back

Eier mit **Speck**

144   bacon and eggs

ein **schlechter** Apfel

145   bad apple

das Abzeichen

146   badge

rückwärtsfahren

143   to back up

Was ist in **der Tasche** drin?

147   bag

Der Köder lockt die Maus in die Falle.

148   bait

backen

149   to bake

der Bäcker

150   baker

die Bäckerei

151   bakery

gutes **Gleichgewicht**

152   good balance

der Balkon

153   balcony

Gerd ist **kahl**.

154   bald

der Ball

155   ball

die Ballerina

156   ballerina

das Ballett

157   ballet

der Ballon

158   balloon

der Heißluft**ballon**

159   hot air **balloon**

die Banane

160   banana

das Band, das Stirn**band**

161   band

die Musik**kapelle**

162   musical **band**

Mit **dem Verband** fühlt er sich besser.

163   bandage

zusammenschlagen

164   to bang

das Treppengeländer hinunterrutschen

165   banister

Hast du ein Konto bei der **Bank**?

166   bank

die Stange

167   bar

Eine Bar ist nur für Erwachsene!

168   bar/pub*

der Stacheldraht

169   barbed wire

Der Friseur schneidet Robert die Haare.

170   barber

ein **bloßer** Fuß

171   one **bare** foot

ein Gelegenheitskauf

172   bargain

der Lastkahn, der Frachtkahn

173   barge

bellen

174   to bark

Die Gerste ist eine Getreideart.

176   barley

die Scheune

177   barn

Soldaten wohnen in **Kasernen**.

178   barracks

die Rinde, die Borke

175   bark

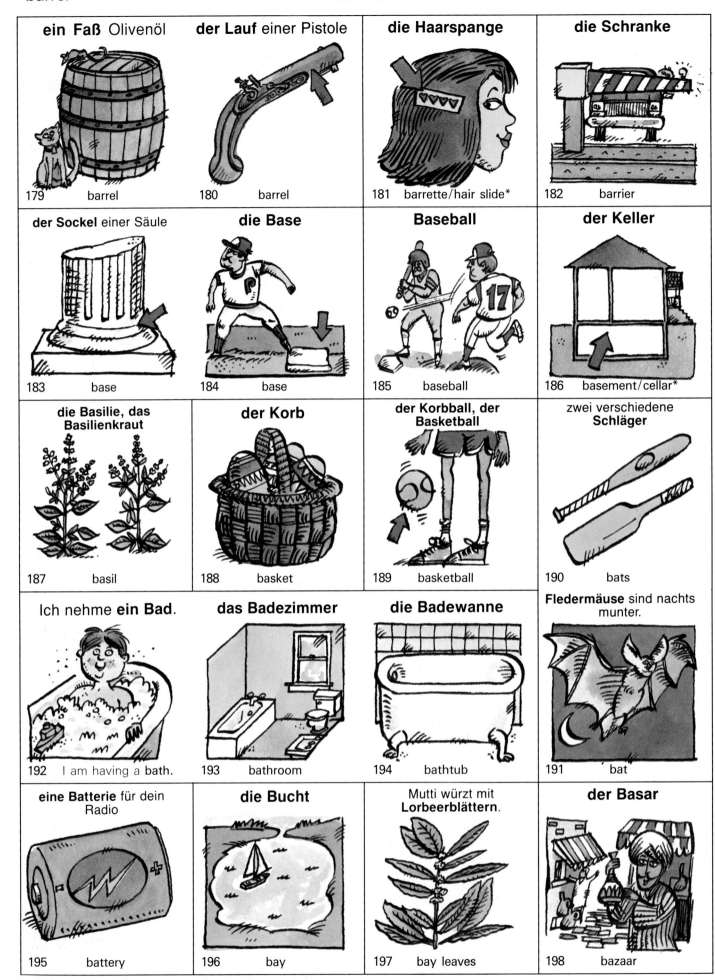

ein Faß Olivenöl
179   barrel

der Lauf einer Pistole
180   barrel

die Haarspange
181   barrette/hair slide*

die Schranke
182   barrier

der Sockel einer Säule
183   base

die Base
184   base

Baseball
185   baseball

der Keller
186   basement/cellar*

die Basilie, das Basilienkraut
187   basil

der Korb
188   basket

der Korbball, der Basketball
189   basketball

zwei verschiedene **Schläger**
190   bats

Ich nehme **ein Bad**.
192   I am having a bath.

das Badezimmer
193   bathroom

die Badewanne
194   bathtub

Fledermäuse sind nachts munter.
191   bat

eine **Batterie** für dein Radio
195   battery

die Bucht
196   bay

Mutti würzt mit **Lorbeerblättern**.
197   bay leaves

der Basar
198   bazaar

sein

Versprichst du, brav zu **sein**?
Ich **bin** brav.
Gerd und Franz **sind** brav,
aber **ist** Ulli brav?

Do you promise to be good?
I am good.
Gerd and Franz are good but
is Ulli good?

199   to be

---

der Strand

200   beach

---

eine volle **Perlen**kette

201   bead

---

der Schnabel

202   beak

---

der Licht**strahl**

203   beam of light

---

grüne **Bohnen**

204   beans

Fridolin, **der Bär**, kann radfahren.

205   bear

---

ein langer **Bart**

206   beard

Was für **ein** scheußlich aussehendes **Tier**!

207   beast

Nelly **schlägt** die Trommel.

208   to beat

Ist sie nicht **schön**?

209   beautiful

---

der Biber

210   beaver

Ich weine, **weil** . . .

211 I am crying because...

Aus der Raupe **wird** ein Schmetterling.

212   to become

---

das Bett

213   bed

---

die Bettlampe, die Leselampe

214 bed lamp/reading light*

---

das Schlafzimmer

215   bedroom

Die Biene ist ein nützliches Insekt.

216   bee

Die Buche ist eine Baumart.

217   beech

Bienen leben in **Bienenstöcken**.

218   beehive

ein Krug **Bier**,
ein Seidel **Bier**

219   beer

Rote Rüben wachsen
unter der Erde.

220   beet/beetroot*

der Käfer

221   beetle

Wasch dir die Hände **vor**
dem Essen.

222 Wash your hands **before** dinner.

betteln

223   to beg

anfangen

Ullis Klavierstunde **fängt**
um zehn Uhr **an**.
Wir müssen **anfangen**,
Englisch zu lernen.

*Ulli's piano lesson begins at
ten o'clock.
We must begin to learn
English.*

224   to begin

Alice **benimmt sich** gut.

225   to behave

Julie versteckt sich **hinter**
dem Baum.

226   behind

beige

227   beige

Ich **glaube**, ich wäre ein
guter Drachenfänger.

228 I **believe** in dragons.

die Glocke

229   bell

der Nabel

230   belly button

Er **gehört** mir.

231   He **belongs** to me.

Die Katze ist **unter** dem
Tisch.

232   below

der Gürtel

233   belt

die Bank

234   bench

Die Straße macht **eine
Kurve**.

235   bend

biegen

236   to bend

die Baskenmütze

237   beret

Gusti steht **neben** dem
Baum.

238   beside

außer, außerdem

Du solltest **außer** dem Nachtisch sonst noch etwas essen.
Außerdem solltest du nicht soviel Zucker essen.

You should eat something else besides dessert.
Besides, you should not eat so much sugar.

239   besides

die Beste

240   best

besser

Betty schreibt **besser** als Gerd.
Gerd ist faul, er kann **Besseres** leisten.

Betty writes better than Gerd.
Gerd is lazy, he can do better.

241   better

Philipp steht **zwischen** zwei Felsblöcken.

242   between

---

das Lätzchen

243   bib

das Fahrrad

244   bicycle

groß

245   big

das Fahrrad, das Rad

246   bike

---

die Banknote

247   bill/banknote*

die Reklametafel

248   billboard/hoarding*

Billard ist ein Spiel.

249   billiards/snooker*

zu**binden**

250   to bind/tie up*

---

das Fernglas

251   binoculars

der Vogel

252   bird

die Geburt

Ulli hat bei ihrer **Geburt** drei Kilo gewogen.
Die Katze hat vier Junge bekommen.

Ulli weighed three kilos at birth.
The cat gave birth to four kittens.

253   birth

Es ist mein **Geburtstag**!

254   birthday

---

das Plätzchen

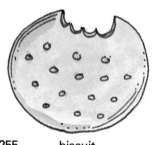

255   biscuit

Friedrich **beißt** ein Stück ab.

256   to bite

Das war ein grosser **Bissen**.

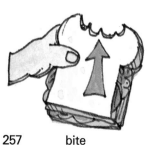

257   bite

bitter

Bier hat einen **bitteren** Geschmack.
Ulli weinte **bittere** Tränen, als sie ihre Lieblingspuppe verlor.

Beer has a bitter taste.
Ulli wept bitter tears when she lost her favorite doll.

258   bitter

schwarz  259 black	**die Brombeere** 260 blackberry	**die Amsel** 261 blackbird	**Wer hat diese Figur an die Tafel gezeichnet?** 262 blackboard
die schwarze Johannisbeere 263 blackcurrant	**der Schmied** 264 blacksmith	**Die Klinge ist scharf.** 265 blade	**die Schuld geben** Vati hat Ulli **die Schuld gegeben**, aber sie ist unschuldig. Vati sollte Gustav **die Schuld geben.** *Dad blamed Ulli, but she is innocent.* *Dad should blame Gustav.* 266 to **blame**
eine leere Seite 267 **blank** page	**die Decke** 268 blanket	**die Explosion** 269 blast	**sprengen** 270 to **blast**
Die Feuerwehr löscht den Brand. 271 blaze	**der Blazer** 272 blazer	**Die Bleiche hilft beim Wäschewaschen.** 273 bleach	**Sie blutet aus der Nase.** 274 to **bleed**
der Mixer, das Mixgerät 275 blender	**Wer blind ist, kann nicht sehen.** 276 blind	**blinzeln** 277 to **blink**	**Blasen tun weh!** 278 blister

der Schneesturm
279   blizzard

Spielst du mit Bausteinen?
280   block

ein Häuserblock
281   block

Der Polizist verstellt Ernst den Weg.
282   to block

blondes Haar
283   blond/blonde*

eine Bluttransfusion, eine Blutübertragung
284   blood

Die Blume ist in voller Blüte.
285   bloom

blühen
286   to blossom

ein Tintenfleck
287   blot

die Bluse
288   blouse

ein Schlag auf den Kopf
289   a blow to the head

blasen
290   to blow

blau
291   blue

die Blaubeeren
292   blueberries

stumpf, direkt
Dieses Messer ist zu stumpf, um die Tomate zu zerschneiden.
Alice war ihm gegenüber sehr direkt.

This knife is too blunt to cut the tomato.
Alice was very blunt with him.
293   blunt

Kora wird leicht rot.
294   to blush

der Eber
295   boar

die Holzplatte
296   board

prahlen, sich rühmen
Christoph prahlt gern.
Er kann sich nicht der Bescheidenheit rühmen.

Christoph likes to boast.
His modesty is nothing to boast about.
297   to boast

das Boot
298   boat

die Haarklammer

299   bobby pin/hairgrip*

der Körper

300   body

kochen, sieden

301   to boil

der Bolzen

302   bolt

ein Knochen für meinen Hund

303   bone

das Lagerfeuer

304   bonfire

das Buch

305   book

das Bücherregal

306   bookshelf

der Bumerang

307   boomerang

der Stiefel

308   boot

die Grenze zwischen zwei Ländern

309   border

Es ist schwer, in Beton ein Loch zu bohren.

310   to bore

geboren

In welchem Jahr bist du geboren?
Sie ist eine geborene Führerin.

What year were you born?
She is a born leader.

312   born

ausborgen, borgen

Kann ich mir von dir etwas Geld borgen?
Ulli borgt sich oft das Fahrrad ihres Bruders aus.

Can I borrow some money?
Ulli often borrows her brother's bicycle.

313   to borrow

der Chef

314   boss

langweilen

Ulli kann einen zu Tode langweilen.
Franz langweilt mich, weil er zuviel redet.

Ulli can bore people to death.
Franz bores me because he talks too much.

311   to bore

beide

Günter und Dieter sind beide herzig.
Sowohl heute als auch morgen.

Günter and Dieter are both cute.
Both today and tomorrow.

315   both

die Flasche

316   bottle

der Flaschenöffner

317   bottle opener

der Boden

318   bottom

der Felsblock

319 boulder

springen, aufprallen

320 to bounce

ein Blumenstrauß

321 bouquet

Pfeil und Bogen

322 bow

die Schüssel

324 bowl

Was ist in der Schachtel drin?

325 box

der Boxer

326 boxer

die Fliege

323 bow tie

der Junge

327 boy

der Büstenhalter

328 bra

das Armband

329 bracelet

angeben, prahlen

Karla **gibt** mit ihren neuen Spielsachen **an**.
Ihr Vati sagt ihr, sie soll nicht so **prahlen**.

Karla brags about her new toys.
Her father tells her not to brag.

330 to brag

das Gehirn

331 brain

Jedes Auto hat Bremsen.

332 brake

bremsen

333 to brake

der Zweig eines großen Baumes

334 branch

tapfer

Der Zahnarzt sagt, du bist sehr **tapfer**.

The dentist says you are very brave.

335 brave

das Brot

336 bread

zerbrechen

337 to break

eine Panne haben

338 to break down

Ein Räuber **ist eingebrochen**.	das **Frühstück**	übelriechender **Atem**	**atmen**
339 to break in	340 breakfast	341 breath	342 to breathe
Ist dein Haus aus **Ziegeln** gebaut?	Pauline ist **eine Maurerin**.	**Die Braut** ist schüchtern.	**Der Bräutigam** ebenso.
343 brick	344 bricklayer	345 bride	346 bridegroom
die **Brücke**	der **Zaum**	die **Aktentasche**	**strahlende** Sonne
347 bridge	348 bridle	349 briefcase	350 bright sun
Rex **bringt** meine Hausschuhe.	Ulli **bringt** die Bücher **zurück**.	**zerbrechliches** Glas	die **Brokkoli**
351 to bring	352 to bring back	353 brittle glass	354 broccoli
die **Brosche**	**Ein Bach** ist ein kleiner Fluß.	der **Besen**	Ich habe meinen **Bruder** gern.
355 brooch	356 brook	357 broom	358 I love my brother.

die Augenbraue 359 brow	**braun** 360 brown	Albert muß sich die Haare **bürsten.** 362 to brush	**die Bürste** 363 brush
Das ist **ein** arger **blauer Fleck.** 361 bruise	**der Rosenkohl** 366 brussels sprouts	der Pinsel 364 paintbrush	**die** Zahn**bürste** 365 toothbrush
die Blase, **die** Seifen**blase** 367 bubble	**der Eimer** 368 bucket	**die** Gürtel**schnalle** 369 belt buckle	**die Knospe** 370 bud
der Büffel 371 buffalo	**der Käfer** 372 bug	**das Horn** 373 bugle	**bauen** 374 to build
der Stier 375 bull	**der Bulldozer** 376 bulldozer	**Kugeln** sind gefährlich. 377 bullet	**das Megaphon** 378 bullhorn/megaphone*

Karl ist **ein** arger **Raufbold**.	**die Beule**	**die Stoßstangen**	**ein Bund** Spargel
379 bully	380 bump	381 bumpers	382 bunch
das Bündel	**die Boje**	**der Einbrecher**	Das Feuer **brennt** lichterloh.
383 bundle	384 buoy	385 burglar	386 to burn
Sein Ballon **ist geplatzt**.	**eingraben, begraben**	der Autobus, der Bus	**die Bushaltestelle**
387 to burst	388 to bury	389 bus	390 bus stop
Ein Busch ist kleiner als ein Baum.	Ich bin gerade **beschäftigt**.	**aber**	**der Fleischer, der Metzger**
391 bush	392 I am **busy** now.	393 but	394 butcher
Butter für mein Brot	**der Schmetterling**	**die Knöpfe**	Philipp **kauft** sich ein Eis.
395 butter	396 butterfly	397 buttons	398 to buy

aber

Ich würde gern gehen, **aber** ich habe keine Zeit. Paul ist groß, **aber** seine Schwester ist größer.

I would like to go, but I am busy.
Paul is big, but his sister is bigger.

der Kohl

399 cabbage

eine kleine Hütte

400 cabin

die Kommode

401 cabinet

das Kabel

402 cable/lead*

der Kaktus

403 cactus

der Käfig

404 cage

die Torte

405 cake

die Rechenmaschine

406 calculator

der Kalender

407 calendar

das Kalb

408 calf

rufen

409 to call

Ulli ist **ruhig**.

412 She is **calm**.

das Kamel

413 camel

die Kamera

414 camera

absagen

Wir werden das Picknick **absagen**, wenn es regnet. Ulli hat unseren Ausflug **abgesagt**.

We will call off the picnic if it rains.
Ulli has called off our trip.

410 to **call off**

Erika und Heidi **campen** allein. Sie **zelten** allein.

415 to **camp**

der Zeltplatz

416 campsite

die Dose, die Büchse

417 can

anrufen

411 to **call up/to phone***

der Dosenöffner

418 can opener/tin* opener

Ein Schiff fährt durch den Kanal.

419   canal

der Kanarienvogel, der Kanari

420   canary

die Kerze

421   candle

der Kerzenleuchter

422   candlestick

die Bonbons, die Zuckerln

423   candy/sweets*

Der Mann stützt sich auf seinen Stock.

424   cane/walking stick*

die Kanone

425   cannon

Ich kann nicht sehen.

426   I cannot see.

das Kanu

427   canoe

die Honigmelone

428   cantaloupe

Der Fluß fließt durch den Cañon.

429   canyon

die Kappe

430   cap

das Kap

431   cape

das Cape

432   cape

der Großbuchstabe

G

433   capital

Er ist der Kapitän seines Schiffes.

434   captain

fangen, einfangen

435   to capture

das Auto, der Wagen

436   car

Die Karawane durchquert die Wüste.

437   caravan

die Karten

438   cards

der Pappdeckel, der Pappendeckel

439   cardboard

Die Schwester **sorgt** für die Kranken

440   to care

Er ist **unvorsichtig**.

441   He is **careless**.

die Fracht

442   cargo

die Nelke

443   carnation

Der Karneval ist ein ganz großes Fest.

444   carnival

der Tischler, der Schreiner.

445   carpenter

der Teppich

446   carpet

der Kinderwagen

447   carriage/pram*

die Möhre, die Karotte

448   carrot

Herr Braun **trägt** eine schwere Last.

449   to carry

der Karren

450   cart

ein Karton Schrauben

451   carton

tranchieren

452   to carve

die Kiste

453   case

das Bargeld

454   cash

die Cashewnüsse

455   cashew nuts

die Burg, das Schloß

456   castle

die Katze

457   cat

der Katalog

458   catalog / catalogue*

fangen

459   to catch

jemanden **einholen**

460   to catch up with

die Raupe

461   caterpillar

eine Herde **Vieh**

462   cattle

der Kessel

463   cauldron

der Blumenkohl, der Karfiol

464   cauliflower

die Kavallerie

465   cavalry

Lebt ein Bär in dieser **Höhle**?

466   cave

die Decke, der Plafond

467   ceiling

feiern

468   to celebrate

die Sellerie

469   celery

Dein Körper besteht aus **Zellen**.

470   cell

der Keller

471   cellar

der Zement

472   cement

der Mittelpunkt

473   center / centre*

Ein Meter hat 100 **Zentimeter**.

474   centimeter / centimetre*

der Hundertfüßer

475   centipede

das Jahrhundert

Ein Jahrhundert hat hundert Jahre.

A century has one hundred years.

476   century

die Maisflocken

477   cereal

sicher, gewiß

Ulli ist **sicher**, dass sie recht hat.
Aber Peter has **gewisse** Bedenken.

Ulli is certain that she is right.
But Peter has certain doubts.

478　certain

das Zeugnis, die Bescheinigung, die Urkunde

479　certificate

die Kette

480　chain

die Kettensäge

481　chainsaw

der Stuhl

482　chair

die Kreide

483　chalk

die Meisterin, der Champion.

484　champion

das Kleingeld

485　change

die Fahrrinne, der Kanal

487　channel

Dieses Buch hat viele **Kapitel**.

488　chapter

der Charakter, das Schriftzeichen

Ulli hat **einen** starken **Charakter**.
Was bedeutet dieses chinesische **Schriftzeichen**?

Ulli has a strong character.
What does this Chinese character mean?

489　character

Karl **hat sich umgezogen**.

486　to change

die Holzkohle

490　charcoal

der Mangold

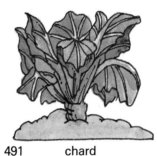

491　chard

anklagen, aufladen

Die Polizei hat Fritz wegen Einbruchs **angeklagt**.
Vati hat vergessen, die Batterie **aufzuladen**.

The police charged Fritz with robbery.
Father forgot to charge the battery.

492　to charge

der Streitwagen

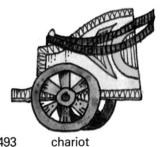

493　chariot

das Diagramm, die Tabelle

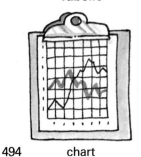

494　chart

nachlaufen

495　to chase

plaudern

496　to chat

ein **billiger** Bleistift, eine teuere Krone

497　**cheap** pencil, expensive crown

498 Josef versucht, zu **schwindeln**.
to **cheat**

499 **nachschauen, abgeben**
Hast du heute früh in deiner Schultasche **nachgeschaut**?
Bitte **gib** deinen Mantel am Eingang **ab**.
Did you check your school bag this morning?
Check your coat at the entrance, please.
to **check**

500 die **Wange**, die **Backe**
cheek

501 **Käse** wird aus Milch gemacht.
cheese

502 der **Scheck**
cheque* / check

503 die **Kirschen**
cherries

504 die nackte **Brust**, die bloße **Brust**
chest

505 die **Kastanie**
chestnut

506 **Kaue** gut, bevor du schluckst.
to **chew**

507 die **Kichererbsen**
chick peas

508 das **Huhn**
chicken

509 die **Windpocken**
chicken-pox

510 Der **Oberbefehlshaber** salutiert.
chief

511 das **Kind**
child

512 ein **frostiger** Tag
a **chilly** day

513 der **Schornstein**
chimney

514 der **Schimpanse**
chimpanzee

515 das **Kinn**
chin

516 das **Porzellan**
china / crockery*

517 Beim Holzfällen fliegen nur so **die Späne**.
chip

Der Bildhauer verwendet **einen Meißel**.

518　chisel

der **Schnittlauch**

519　chives

eine **Schokoladentafel**

520　chocolate

Singst du in **einem Chor**?

521　choir

Jemanden **würgen** kann böse Folgen haben.

522　to **choke**

Peter **ist an** einer Gräte fast **erstickt**.

523　to **choke on**

Welches soll ich mir **aussuchen**?

524　to **choose**

Zwiebeln **hacken**

525　to **chop**

die **Eßstäbchen**

526　chopsticks

eine **Chrom**stoßstange

527　chrome

die **Chrysantheme**

528　chrysanthemum

ein **Klumpen** Kohle

529　a chunk/lump* of coal

Diese **Zigarre** stinkt!

530　cigar

Zigaretten machen einen krank.

531　cigarette

der **Kreis**

532　circle

der **Zirkus**

533　circus

Lebst du in **einer** großen **Stadt**?

534　city

Die Muschel lebt in ihrer Schale.

535　clam

Die Zwinge hält die zwei Bretter zusammen.

536　clamp

klatschen, applaudieren

537　to **clap**

das Klassenzimmer

538   classroom

Die Krabbe hat starke **Scheren**.

539   claw

---

der Lehm

Ziegel werden aus **Lehm** gebacken.
Man kann auch Töpfe und Geschirr aus **Lehm** machen.

Clay is used to make bricks. You can also make pots and dishes out of clay.

540   clay

Sie ist **sauber** von Kopf bis Fuß.

541   She is all **clean**.

Tante Betty **räumt** den Tisch **ab**.

542   to clear

---

die Klippe

543   cliff

Der Bergsteiger **klettert** bis zum Gipfel.

544   to climb

---

die Klinik

545   clinic

---

abschneiden

546   to clip

---

die Uhr

547   clock

---

zumachen, schließen

548   to close

Hältst du deinen **Wandschrank** in Ordnung?

549   closet/cupboard*

---

das Tuch, der Stoff

Kleider werden aus **Stoff** gemacht.
Auf dem Tisch ist **ein** Tisch**tuch**.

Clothes are made out of cloth.
There is a tablecloth on the table.

550   cloth

---

die Kleider

551   clothes

---

die Wäscheleine

552   clothes line

---

die Wolke

553   cloud

Vierblättriger **Klee** bringt Glück.

554   clover

---

der Clown

555   clown

Der Höhlenmensch jagte mit einer **Keule**.

556   club

---

der Tip

Betty hat keine Ahnung, wie sie dort hinkommt.
Ich werde dir **einen Tip** geben.

Betty does not have a clue how to get there.
I will give you a clue.

557   clue

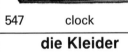

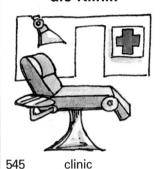

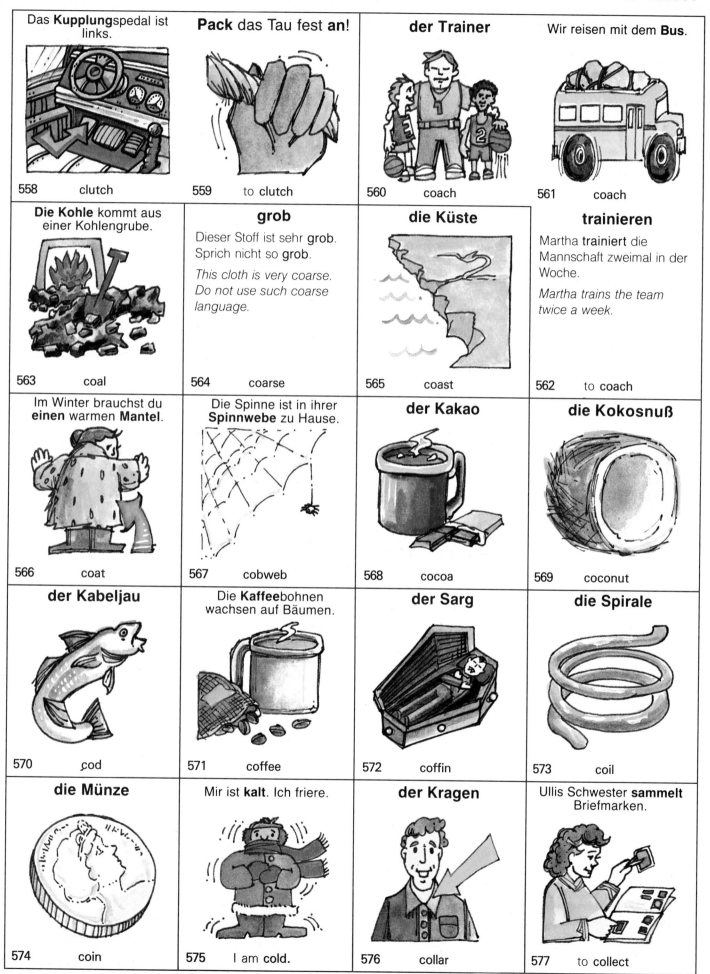

Das **Kupplung**spedal ist links.

558　clutch

Pack das Tau fest **an**!

559　to **clutch**

der Trainer

560　coach

Wir reisen mit dem **Bus**.

561　coach

Die Kohle kommt aus einer Kohlengrube.

563　coal

grob

Dieser Stoff ist sehr **grob**.
Sprich nicht so **grob**.

This cloth is very coarse.
Do not use such coarse
language.

564　coarse

die Küste

565　coast

trainieren

Martha **trainiert** die Mannschaft zweimal in der Woche.

Martha trains the team
twice a week.

562　to **coach**

Im Winter brauchst du **einen** warmen **Mantel**.

566　coat

Die Spinne ist in ihrer **Spinnwebe** zu Hause.

567　cobweb

der Kakao

568　cocoa

die Kokosnuß

569　coconut

der Kabeljau

570　cod

Die **Kaffee**bohnen wachsen auf Bäumen.

571　coffee

der Sarg

572　coffin

die Spirale

573　coil

die Münze

574　coin

Mir ist **kalt**. Ich friere.

575　I am **cold**.

der Kragen

576　collar

Ullis Schwester **sammelt** Briefmarken.

577　to **collect**

die Hochschule

578   college

Wenn Autofahrer **zusammenstoßen**, gibt es Schaden.

579   to collide

---

ein schwerer **Zusammenstoß**

580   collision

Was ist deine Lieblings**farbe**?

581   color/colours*

---

die Stute und ihr **Fohlen**

582   colt

---

steinerne **Säulen**

583   column

---

der Kamm

584   comb

---

kämmen

585   to comb

Ulli **verbindet** zwei Zutaten.

586   combine

---

kommen

Sag Guido, er soll nach Hause **kommen**.
Ulli **kam** zur Party mit dem Autobus.
Kommst du oft her?

Tell Guido to come home.
Ulli came to the party by bus.
Do you come here often?

587   to come

Der Türknopf **ist abgegangen** und mir in der Hand geblieben.

588   to come off

Er fiel in Ohnmacht, **ist** aber schnell wieder **zu sich gekommen**.

589   to come to

---

bequem

590   comfortable

Das **Komma** ist in Wirklichkeit viel kleiner.

591   comma

---

befehlen

592   to command

---

der Ort, die Gemeinschaft

Wir leben in einem kleinen **Ort**.
Das **Gemeinschafts**zentrum hat ein Schwimmbad.

We live in a small community.
There is a pool at the community centre.

593   community

Gerd ist Ottos **Kamerad**.

594   companion

Ich bin in guter **Gesellschaft**.

595   I am in good **company**.

---

vergleichen

596   to compare

Mein **Kompaß** zeigt nach Norden.

597   My **compass** points north.

Ludwig **komponiert** eine Symphonie.

598   to compose

der Komponist

599   composer

eine Komposition für Klavier

600   composition

der Computer

601   computer

sich konzentrieren

602   to concentrate

das Konzert

603   concert

der Beton

604   concrete

der Dirigent

605   conductor

der Kegel

607   cone

die Eis**tüte**

608   ice cream cone

der Tannen**zapfen**

609   pine cone

der Zugführer, der Kondukteur

606   conductor/guard*

zuversichtlich

610   confident

Ich bin **verwirrt**.

611   I am confused

gratulieren

612   to congratulate

verbinden, einstecken

613   to connect

der Konsonant

B, c, d, f, g sind Konsonanten.

B, c, d, f, g are consonants.

614   consonant

Die Polizistin kann dir behilflich sein.

615   constable

Eine Konstellation besteht aus vielen Sternen.

616   constellation

Es gibt sieben **Kontinente**.

617   continent

das Gespräch

618 conversation

Vati ist **ein** guter **Koch**.

619 Dad is a good **cook**.

Er **macht Frühstück**.

620 He **cooks** breakfast.

Zu viele **Plätzchen** verderben den Appetit.

621 cookie/biscuit*

Meine linke Hand ist im **kühlen** Wasser.

622 My hand is in the **cool** water.

Kupferrohre für Wasserleitungen

623 copper

kopieren

624 to copy

Fische schwimmen um das **Korallen**riff.

625 coral

das Seil, die Schnur

626 cord

der Korken

627 cork

der Korkenzieher

628 corkscrew

Ulli ißt gerne **Mais**.

629 corn/maize*

die Ecke, der Winkel

630 corner

die Leiche

631 corpse

der Gang, der Korridor

632 corridor

der Kosmonaut

633 cosmonaut/astronaut*

das Kostüm

634 costume

das Wochenendhaus, das Ferienhaus

635 cottage

die Baumwolle

636 cotton

das Sofa

637 couch/sofa*

Inge **hustet** höflich mit der Hand vor dem Mund.

638   to cough

zählen

639   to count

das Zählwerk

640   counter

die Theke

641   counter

Warst du auf dem **Land**?

642   country

Dieses **Land** heißt Kanada.

643   country

Vati und Mutti sind **ein Ehepaar**.

644   couple

Zum Drachentöten gehört **Mut**.

645   courage

der Tennisplatz

646   court

Meine **Kusine** ist die Tochter meines Onkels.

647   My cousin is my uncle's daughter.

zudecken

648   to cover

Lass den **Deckel** auf dem Töpfchen.

649   cover

die Kuh

650   cow

Dieser Junge ist **ein Feigling**.

651   This boy is a coward.

der Cowboy

652   cowboy

Krabben leben im Meer.

653   crab

Dieser Topf hat einen **Sprung**.

654   crack

der Cracker

655   cracker

die Wiege

656   cradle

der Kranich

657   crane

der Kran

658   crane

stürzen

659   to crash

Was ist in der Kiste?

660   crate

kriechen

661   to crawl

der Krebs

662   crayfish

die Malkreiden

663   crayons

die Sahne, die Creme

Vati hat gern **Sahne** im Kaffee.
Die Sonnen**creme** schützt die Haut vor Sonnenbrand.

Dad likes cream in his coffee.
Sun cream protects your skin.

664   cream

die Bügelfalte, die Falte

665   crease

Was für eine seltsame Kreatur!

666   creature

Ein Bach ist ein kleiner Fluß.

667   creek

die Besatzung

668   the crew

das Kinderbett

669   crib/cot*

die Grille

670   cricket

der Verbrecher

671   criminal

das Krokodil

672   crocodile

Krokusse sind Vorboten des Frühlings.

673   crocus

Nur Gauner stehlen Äpfel!

674   crook

ein schiefer Pfosten

675   crooked post

schiefes Bild, gerader Turm

676 crooked painting, upright tower

eine gute Ernte

677   crop

das Kreuz

678   cross

Schau links, schau rechts, bevor du **über die Straße gehst**.

679   to cross

durchstreichen

680   to cross out

die Krähe

681   crow

eine Menge Menschen in einem kleinen Raum

682   A big **crowd** in a small space.

die Krone

683   crown

Sir James **krönt** die neue Königin.

684   to crown

die Krume

685   crumb

Der Winzer **stampft** die Trauben.

686   to crush

Ulli hat **die Kruste** am liebsten.

687   crust

die Krücke

688   crutch

weinen

689   to cry

die **Kristall**kugel des Hellsehers

690   crystal

das Bären**junge**

691   cub

der Würfel

692   cube

der Kuckuck

693   cuckoo

die Gurke

694   cucumber

die Manschette

695   cuff

eine Tasse Tee

696   cup

der Schrank, die Anrichte

697   cupboard

der Randstein	**Ich bin geheilt.**	Pauline **dreht** sich das Haar **ein.**	Jetzt hat sie **lockiges** Haar.
698　curb/kerb*	699　I am cured.	700　to curl	701　curly
neugierig	**die Johannisbeeren**	**eine** starke **Strömung**	**die Vorhänge**
702　curious	703　currant	704　current	705　curtains
die Kurve	das Kissen, der Polster	**der Kunde**	**schneiden**
706　curve	707　cushion	708　customer	709　to cut
süß, niedlich	**das Besteck**	**das Fahrrad**	**den Weg abschneiden**
712　cute/sweet*	713　cutlery	714　cycle	710　to cut in
der Zylinder, die Walze	das Becken, die Beckenteller	**die Zypresse**	**Schneid** die Figur **aus!**
715　cylinder	716　cymbals	717　cypress	711　to cut out

Die Narzisse ist eine Frühlingsblume.

718　　daffodil

der Dolch

719　　dagger

Die Tageszeitung kommt täglich.

720　　daily

Diese Kühe leben am **Meierhof**.

721　　dairy

das Gänseblümchen

722　　daisy

Der Damm staut den Fluß.

723　　dam

beschädigt

724　　damaged

feucht

725　　damp

tanzen

726　　to dance

die Tänzerin

727　　dancer

Der Löwenzahn ist ein Unkraut.

728　　dandelion

die Gefahr

729　　danger

Ulli fürchtet sich nicht im **Finsteren**.

730　　dark

Im Pfeilwurfspiel wirft man **Darts** auf die Dartscheibe.

731　　dart

das Armaturenbrett

732　　dashboard

Was für **ein Datum** haben wir heute?

733　　date

Das ist meine **Tochter** Gerti.

734　　daughter

Ein schöner **Tag** beginnt.

735　　the start of a nice **day**

eine **tote** Maus

736　　**dead** mouse

Wer **taub** ist, kann nicht hören.	**lieb**	**Dezember** ist der letzte Monat des Jahres.	**sich entschließen, entscheiden**
	Rudi ist ein **lieber** Freund von mir. **Liebe** Mutti! Hier im Ferienlager ist es toll! *Rudi is my dear friend.* *Dear Mom! Camp is fun!*		Ulli kann **sich** nicht **entschließen**, was sie anziehen soll. Mutti wird es **entscheiden** müssen. *Ulli cannot decide what to wear.* *Mom will have to decide.*
737 deaf	738 dear	739 December	740 to decide
das Deck eines Schiffes	Philipp, der Pirat, **schmückt** den Weihnachtsbaum.	**der** Christbaum**schmuck**, **die Verzierung**	Albert meidet **das Tiefe**.
741 deck	742 to decorate	743 decoration	744 deep end
Im Wald gibt es **Rehe**.	**liefern, abgeben**	Gerd hat meinen Wagen **eingebeult**.	**der Zahnarzt**
745 deer	746 to deliver	747 to dent	748 dentist
das Kaufhaus	**die Wüste**	Wer hat diesen **Schreibtisch** in der Wüste aufgestellt?	**der Nachtisch**
749 department store	750 desert	751 desk	752 dessert
Godzilla **zerstört** die Stadt.	**Der Zerstörer** ist eine Art von Kriegsschiff.	**der Detektiv**	Frühmorgens ist **Tau** auf den Blättern.
753 to destroy	754 destroyer	755 detective	756 dew

die Diagonale

757   diagonal

das Diagramm

758   diagram

der Diamant

759   diamond

Babys brauchen **Windeln**.

760   diaper / nappy*

Führst du **ein Tagebuch**?

761   diary

Schlag es im
Wörterbuch nach.

762   dictionary

sterben

763   to die

der Unterschied

Alle Menschen sind gleich
geboren; es gibt zwischen
ihnen keinen **Unterschied**.
Zwischen Tag und Nacht ist
ein großer **Unterschied**.

*All people are born equal,
there is no difference
between them.
There is quite a difference
between day and night.*

764   difference

Verschiedene Menschen. . .
und doch alle gleich.

765   different people

graben

766   to dig

Die Schlange **verdaut**
einen Elefanten.

767   The snake **digests** an elephant.

ein sehr **düsteres** Zimmer

768   dim

Ulli hat **Grübchen**
in ihren Wangen.

769   dimple

das Dingi, das Dinghi

770   dinghy

das Eßzimmer

771   dining room

**das Abendessen,
das Nachtmahl**

772   dinner

der Dinosaurier

773   dinosaur

Diese **Richtung**!

774   direction

Vati ist in **den
Schmutz** getreten.

775   dirt

Seine Hose ist wirklich
schmutzig geworden.

776   dirty

Ich **bin** mit dir **nicht einverstanden**.

777   to **disagree**

Der Apfel **ist verschwunden**.

778   to **disappear**

die Katastrophe

779   **disaster**

entdecken

780   to **discover**

besprechen

781   to **discuss**

die Krankheit

782   **disease**

Ulli trägt **eine Verkleidung**.

783   **disguise**

Bitte spül **das Geschirr** ab! Ulli, wo bist du?

784   **dishes**

eine **unehrliche** Person

785   a **dishonest** person

das Abwaschwasser, das Spülwasser

786   **dishwater**

nicht mögen

787   to **dislike**

Die Tablette **löst sich** im Wasser **auf**.

788   to **dissolve**

die Entfernung zwischen zwei Bäumen

789   **distance** between two trees

Der **ferne** Baum ist weit von uns.

790   a **distant** tree

das Viertel, in dem ich wohne

791   **district**

einen Graben ausheben

792   **ditch**

ins Wasser springen, einen Kopfsprung machen

793   to **dive**

einen Apfel **teilen**

794   to **divide**

Mir ist **schwindlig** . . . ich bin **schwindlig**.

795   I feel **dizzy**.

Was soll ich **tun**, um den Schemel zu reparieren?

796   What shall I **do**?

der Anlegesteg	**der Doktor, der Arzt**	**der Hund**	**die Puppe**
797 dock	798 doctor	799 dog	800 doll

der Delphin	**die Kuppel**	**Der Esel** trägt eine schwere Last.	**die Tür**
801 dolphin	802 dome	803 donkey	804 door

der Türgriff	Sehe ich **doppelt**?	**der Teig**	**Die Taube** ist ein Symbol des Friedens.
805 doorknob	806 double	807 dough	808 dove

Ulli hat ein **Daunen**kissen.	**dösen**	Zwölf Eier machen **ein Dutzend**.	**Zieh** sie nicht durch den Schmutz!
809 down	810 to doze	811 dozen	812 to drag

der Drache	**die Libelle**	**der Abfluß**	Rolf **zeichnet** sehr gut.
813 dragon	814 dragonfly	815 drain/plug hole*	816 to **draw**

Zieht **die Zugbrücke** hoch!

817 drawbridge

Ullis Socken sind nicht in dieser **Schublade**.

818 drawer

ein sanfter **Traum**

819 a nice dream

Ich **träume** von Schafen.

820 I dream of sheep.

das Kleid

821 dress

sich anziehen

822 to dress

Ullis Socken sind vielleicht in dieser **Kommode**.

823 dresser/chest of drawers*

sabbern

824 to dribble

Es ist kein Vergnügen, auf dem Meer zu **treiben**.

825 to drift

Pauline **bohrt** winzige Löcher.

826 to drill

der Bohrer

827 drill

das Getränk

828 drink

tropfen

830 to drip

Ich **fahre** vorsichtig.

831 I drive carefully.

ein verrückter **Fahrer**

832 crazy driver

trinken

829 to drink

der Nieselregen

Gestern hat es stark geregnet, heute ist es nur ein Nieselregen.

It rained a lot yesterday, today it is just a drizzle.

833 drizzle

sabbern

834 to drool

ein einzelner **Tropfen**

835 drop

Unser Gast hat das Glas **fallen gelassen**.

836 to drop

Komm mal wieder bei uns **vorbei**!

837   to drop in

Vati **gibt** die Katze beim Tierarzt **ab**.

838   Dad drops off the cat at the vet.

Er ist aus dem Rennen **ausgeschieden**.

839   to drop out

dösig, schläfrig

840   I feel drowsy.

die Trommel

841   drum

trocken

842   dry

trocknen

843   to dry

die Reinigungsanstalt, die Reinigung

844   dry cleaner

Steck die nasse Wäsche in **den Trockner**.

845   dryer

die Herzogin

846   duchess

die Ente

847   duck

Mit **einem Duell** beendet man keinen Streit.

848   duel

der Herzog

849   duke

die Schutthalde, die Müllkippe

850   dump

abladen

851   to dump

der Kipper

852   dumptruck/lorry*

Der Dieb ist seit langem im **Kerker**.

853   dungeon

die Abenddämmerung

854   dusk

der Staub

855   dust

der Zwerg

856   dwarf

E

Jedes Kaninchen hat eine Karotte.

857   Each rabbit has a carrot.

Der Adler ist gefährdet und steht daher unter Naturschutz.

858   eagle

das Ohr

859   ear

die Sonne am **frühen** Morgen

860   early

verdienen

Mutti **verdient** gut.
Ulli hat ihre Ferien **verdient**.
Du mußt das Geld **verdienen**, bevor du es ausgeben kannst.

Mother earns a good wage.
Ulli has earned her holiday.
You must earn your money before you can spend it.

861   to **earn**

der Planet **Erde**

862   Earth

Erde schaufeln

863   earth

das Erdbeben

864   earthquake

die Staffelei

865   easel

Ost und West, daheim am best'!

866   east

Schwimmen ist **leicht** zu erlernen.

867   Swimming is **easy**.

essen

868   to eat

frühstücken

869   to eat breakfast

zu Mittag essen

870   to eat lunch

zu Abend essen

871   to eat dinner/supper*

das Echo

872   echo

eine Sonnen**finsternis**

873   eclipse

Der Baum steht am **Rand**.

874   The tree is at the **edge**.

der Aal

875   eel

876   Die Henne hat **ein Ei** gelegt.   egg

877   **die Aubergine**   eggplant/aubergine*

878   **acht**   eight

879   **der achte**   eighth

880   **das Gummiband**   elastic

881   **der Ellbogen, der Ellenbogen**   elbow

882   **die Wahl**

Wahlen werden abgehalten, um eine Regierung zu wählen.
Wer hat **die Wahl** gewonnen?
Der **Wahl**sieg war sehr knapp.

Elections are held to choose a government.
Who won the election?
The election victory was very close.

election

883   **der Elektriker**   electrician

884   **die Elektrizität**   electricity

885   **der Elefant**   elephant

886   **der Aufzug, der Lift**   elevator/lift*

887   **der Elch**   elk

888   Hier wächst **eine Ulme**.   elm

889   Stephan hat ihn **in Verlegenheit gebracht**.   to embarrass

890   **umarmen**   to embrace

891   **die Stickerei**   embroidery

892   **ein Notfall**   emergency

893   Der Topf ist **leer**.   The jar is **empty**.

894   Das ist **das Ende** der Straße.   This is the **end**.

895   Sie werden eines Tages nicht mehr **Feinde** sein.   enemies

**der Automobilmotor,
der Automotor**

896 engine

der Lokomotivführer

897 engineer/engine driver*

genießen

898 to enjoy

ein riesiger Dinosaurier

899 **enormous** dinosaur

Das ist **genug**.

900 That is **enough**.

hereinkommen

901 to enter

der Eingang

902 entrance

der Briefumschlag, das Kuvert

903 envelope

gleich

904 equal

der Äquator

905 equator

die Besorgung

Ulli macht **Besorgungen** für Vati.
Sie hat heute vormittag viele **Besorgungen** zu machen.

*Ulli is running errands for her father.
She has many errands this morning.*

906 errand

Eine Rolltreppe geht hinauf, die andere hinunter.

907 escalator

Sie **ist** knapp **entkommen**.

908 to escape

Europa ist ein Kontinent.

909 Europe

die Verdampfung, die Verdunstung

910 evaporation

Vier ist eine **gerade** Zahl.

$n \times 2 = ?$

911 Four is an **even** number.

eine **ebene** Oberfläche

912 an **even** surface

der Nadelbaum

913 evergreen

jeder

Ulli macht ihr Bett fast **jeden** Tag.
Muß Mutti es ihr **jedes**mal sagen?

*Ulli makes her bed almost every day.
Must Mother tell her every time?*

914 every

Manche **Prüfungen** sind leicht.

915 exam

prüfen, untersuchen

916　　to **examine**

das Beispiel

Manchmal gibt Ulli kein gutes **Beispiel**.
Man kann Dinge besser anhand **eines Beispiels** verstehen.

Sometimes Ulli does not set a good example.
Things are easier to understand when you give an example.

917　　**example**

das Ausrufezeichen

918　　**exclamation mark**

Entschuldigung!

919　　**Excuse** me!

Karin **macht Übungen**, um gesund zu bleiben.

920　　to **exercise**

existieren

Existieren heißt, zu sein.
Ulli sagte: "So etwas gibt es nicht", und damit meinte sie "es **existiert** nicht".

To exist is to be.
Ulli said: "There is no such thing", and she meant "it does not exist".

921　　to **exist**

hinausgehen

922　　to **exit/leave***

Der Ballon **dehnt sich aus**, bis er platzt.

923　　to **expand**

---

erwarten

Wir **erwarten** dich um zwei Uhr.
Vati **erwartet** von dir, daß du brav sein wirst.
Anni kann nichts mehr **erwarten**.

We expect you at two o'clock.
Father expects you to be good.
Anni cannot expect any more.

924　　to **expect**

teuer

925　　**expensive**

das Experiment

926　　**experiment**

der Experte

927　　**expert**

Ich möchte es dir **erklären**.

928　　to **explain**

erforschen

929　　to **explore**

die Explosion

930　　**explosion**

der Feuerlöscher

931　　**extinguisher**

---

das Auge

932　　**eye**

die Augenbraue

933　　**eyebrow**

die Brille

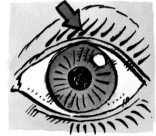

934　　**eyeglasses/spectacles***

die Wimper

935　　**eyelash**

Die Fabel von der Ameise und der Heuschrecke.

936   fable

das Gesicht

937   face

die Fabrik

938   factory

Tom ist bei der Prüfung **durchgefallen.**

939   to fail

versagen

940   to fail

der Jahrmarkt

941   fair

Die Fee wird dir einen Wunsch erfüllen.

942   fairy

das Vertrauen, der Glaube

Wir haben **Vertrauen** zu dir. Ulli hat es in gutem **Glauben** angenommen.

We have faith in you. Ulli accepted it in good faith.

943   faith

ein **gefälschtes** Bild

944   fake painting

Im **Herbst** fallen die Blätter von den Bäumen.

945   fall/autumn*

fallen

946   to fall

Ein **falscher** Alarm: das Haus ist nicht am Brennen.

949   false alarm

die Familie

950   family

hinfallen

947   to fall down

herunterfallen

948   to fall off

eine **berühmte** Schauspielerin

951   famous actress

der Ventilator

952   fan

Kostüme

953   fancy clothes

der Fangzahn

954   fang

Die Stadt ist **weit** weg.
955   The city is **far** away.

Lebewohl!
956   Farewell !

Unsere Nahrungsmittel kommen vom **Bauernhof**.
957   farm

der Bauer
958   farmer

geschwind, schnell
959   fast

Ich **schnalle** den Sicherheitsgurt **an**.
960   I **fasten** my seatbelt.

fett
961   fat

Gift trinken ist **tödlich**.
962   fatal

der Vater
963   father

Der Hahn tropft.
964   faucet/tap*

Wessen **Schuld** ist es?
965   Whose **fault** is it?

der Gefallen

Darf ich dich um einen **Gefallen** bitten?
Ulli ist so nett, sie tut ihren Mitmenschen gern etwas zuliebe.

Can I ask you a favor?
Ulli is nice and likes doing people favors.

966   favor/favour*

meine **Lieblings**sorte
967   favorite/favourite*

das Schlimmste **befürchten**
968   to **fear** the worst

das Festessen
969   feast

Ein Vogel muß **die Feder** verloren haben.
970   feather

der Februar, der Feber
971   February

Elli **füttert** das Baby.
972   to feed

Ich **fühle mich** wohl.
973   I feel well.

Das Weibchen legt die Eier.
974   female

der Zaun

975 fence

der Kotflügel

976 fender/wing*

der Farn

977 fern

die Fähre

978 ferry

die Festspiele

979 festival

Paul hat hohes **Fieber**.

980 fever

Es sind **wenig** Leute gekommen.

981 Few people came.

das Feld

982 field

Alice ist die **fünfte**.

983 fifth

Diese zwei Kerle **raufen** dauernd miteinander.

984 to fight

feilen

985 to file

füllen, zuschütten

986 to fill

Der Film war für meine Kamera.

988 film

ein **dreckiges** Schwein

989 filthy

Die Flosse gehört einem Haifisch.

990 fin

tanken

987 to fill up

eine **Geldbuße** für zu schnelles Fahren

991 fine

Es geht mir **gut**.

992 I am fine.

der Finger

993 finger

der Fingerabdruck

994 fingerprint

durchs Ziel gehen
995   to finish

Die Tanne ist ein Nadelbaum.
996   fir

das Feuer
997   fire

das Feuerwehrauto, der Feuerwehrwagen
998   fire engine

die Feuerleiter
999   fire escape

der Schwärmer, das Knallbonbon
1000   firecracker/banger*

der Feuerwehrmann
1001   firefighter

der Kamin
1002   fireplace

fest
Ulli hat einen **festen** Händedruck.
Vati ist **fest** entschlossen: Gerd darf kein Eis mehr bekommen.

Ulli has a firm handshake. Father's decision is firm: Gerd cannot have another ice cream.
1003   firm

der erste in der Schlange
1004   first

der Fisch
1005   fish

fischen, angeln
1006   to fish

der Angelhaken
1007   fishhook

die Faust
1008   fist

fünf
1009   five

Glaubst du, er kann es **in Ordnung bringen**?
1010   to fix

eine Piraten**flagge**
1011   flag

die Flocke
1012   flake

die Flamme
1013   flame

Gugu **schlägt** mit den Flügeln.
1014   to flap

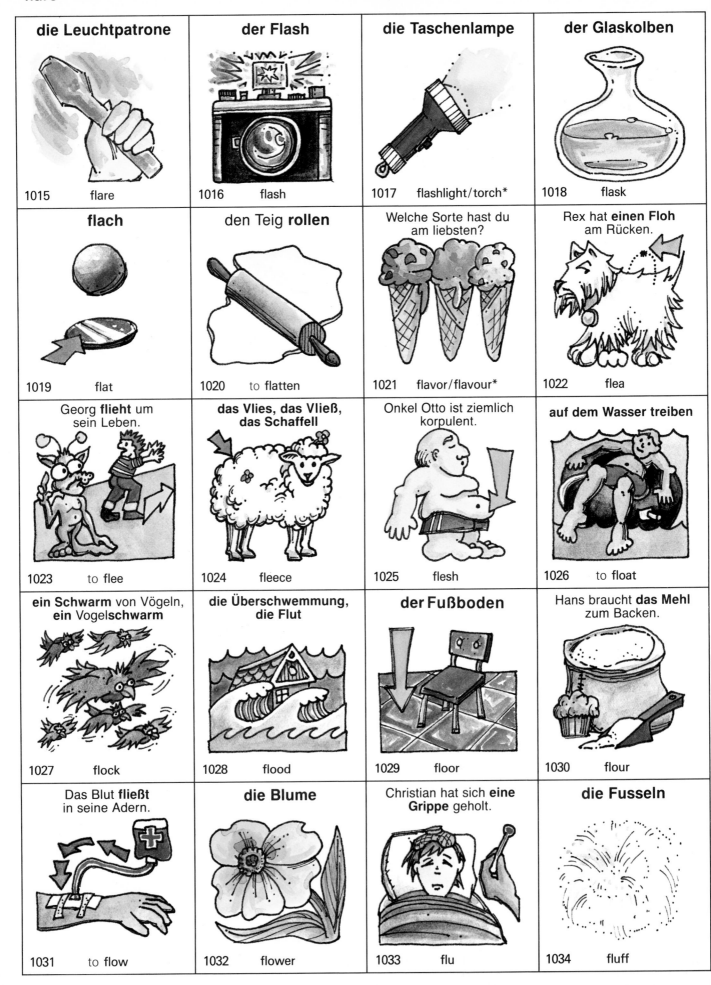

die Leuchtpatrone
1015   flare

der Flash
1016   flash

die Taschenlampe
1017   flashlight/torch*

der Glaskolben
1018   flask

flach
1019   flat

den Teig **rollen**
1020   to flatten

Welche Sorte hast du am liebsten?
1021   flavor/flavour*

Rex hat **einen Floh** am Rücken.
1022   flea

Georg **flieht** um sein Leben.
1023   to flee

das Vlies, das Vließ, das Schaffell
1024   fleece

Onkel Otto ist ziemlich korpulent.
1025   flesh

auf dem Wasser treiben
1026   to float

ein Schwarm von Vögeln, **ein** Vogel**schwarm**
1027   flock

die Überschwemmung, die Flut
1028   flood

der Fußboden
1029   floor

Hans braucht **das Mehl** zum Backen.
1030   flour

Das Blut **fließt** in seine Adern.
1031   to flow

die Blume
1032   flower

Christian hat sich **eine Grippe** geholt.
1033   flu

die Fusseln
1034   fluff

Wasser ist **eine Flüssigkeit**.

1035   fluid

die Fliege

1036   fly

Mach deinen **Hosenschlitz** zu.

1037   fly

Vögel und Flugzeuge **fliegen**.

1038   to fly

der Schaum, der Rasier**schaum**

1039   foam

Im **Nebel** kann man nicht weit sehen.

1040   fog

Falt es so zusammen.

1041   to fold

Diese Gans **geht** Otto überall **nach**.

1042   to follow

die Nahrungsmittel, die Lebensmittel

1043   food

der Fuß

1044   foot

der Fußball

1045   American football

die Fußspur

1046   footprint

Ich lasse **Fußstapfen** hinter mir.

1047   footsteps

für

Einer **für** alle und alle **für** einen.
In Freud und Leid.
Ohne dich hätten wir das Match verloren.

One for all and all for one.
For better or for worse.
But for you, we would have lost the game.

1048   for

aufbrechen

1049   to force

die Stirn

1050   forehead

Im **Wald** leben wilde Tiere.

1051   forest

vergessen

Unser Hund **vergißt** seinen Namen.
Vati hat **vergessen**, Milch zu kaufen.

Our dog forgets his name.
Dad forgot to buy milk.

1052   to forget

verzeihen

Ich **verzeihe** dir, wenn du versprichst, brav zu sein.
Ulli **verzieh** ihrem Hund, als er ihre hübscheste Puppe auffraß.
I forgive you if you promise to be good.
Ulli forgave her dog for eating her nicest doll.

1053   to forgive

die Gabel

1054   fork

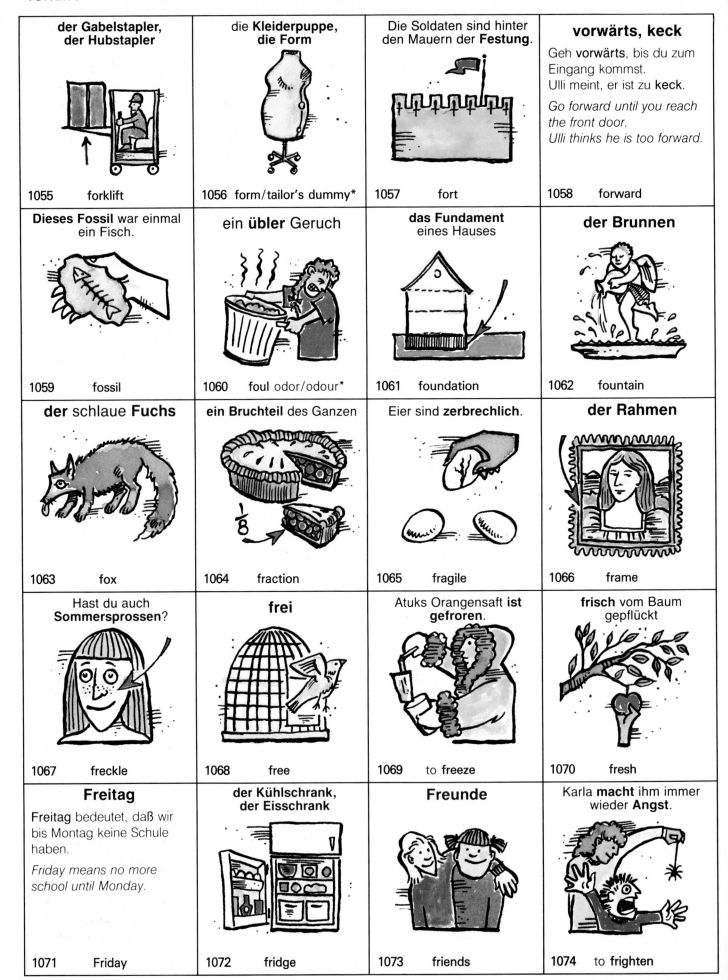

der Gabelstapler, der Hubstapler

1055 forklift

die Kleiderpuppe, die Form

1056 form/tailor's dummy*

Die Soldaten sind hinter den Mauern der **Festung**.

1057 fort

vorwärts, keck

Geh **vorwärts**, bis du zum Eingang kommst.
Ulli meint, er ist zu **keck**.

Go forward until you reach the front door.
Ulli thinks he is too forward.

1058 forward

Dieses Fossil war einmal ein Fisch.

1059 fossil

ein **übler** Geruch

1060 foul odor/odour*

das Fundament eines Hauses

1061 foundation

der Brunnen

1062 fountain

der schlaue **Fuchs**

1063 fox

ein **Bruchteil** des Ganzen

1064 fraction

Eier sind **zerbrechlich**.

1065 fragile

der Rahmen

1066 frame

Hast du auch **Sommersprossen**?

1067 freckle

frei

1068 free

Atuks Orangensaft **ist gefroren**.

1069 to freeze

frisch vom Baum gepflückt

1070 fresh

Freitag

Freitag bedeutet, daß wir bis Montag keine Schule haben.

Friday means no more school until Monday.

1071 Friday

der Kühlschrank, der Eisschrank

1072 fridge

Freunde

1073 friends

Karla **macht** ihm immer wieder **Angst**.

1074 to frighten

der Frosch 1075 frog	Ich bin **vom** Mars. 1076 I am **from** Mars.	**der Vorderteil** 1077 front	Wir haben **Rauhreif** am Fenster. 1078 frost
Warum **sieht** er so **finster drein**? 1079 to frown	**Obst** ist viel besser als Bonbons. 1080 fruit	**braten** 1081 to fry	**die Bratpfanne** 1082 frying pan
Autos brauchen **Kraftstoff**. 1083 Cars need **fuel**.	**voll** 1084 full	**Spaß** haben 1085 having **fun**	Dieser **Fonds** hilft den Armen. 1086 charity **fund**
Sie sind zum **Begräbnis** gegangen. 1087 funeral	Gieß es durch den **Trichter**! 1088 funnel	**komisch** Mutti meint, das ist nicht **komisch**. Ulli hat sich nach dem Pilzeessen **komisch** gefühlt. *Mother does not think it is funny.* *Ulli felt funny after eating those mushrooms.* 1089 funny	Ein **Pelz**mantel im Sommer! 1090 fur coat
Ohne unseren **Heizofen** wäre es kalt im Haus. 1092 furnace/boiler*	**die Möbel** 1093 furniture	Hast du **eine Sicherung** durchgebrannt? 1094 fuse	Mieze ist eine **kuschelige** Katze. 1091 furry

Ein Sturm ist ein starker Wind.

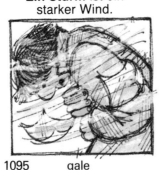

1095   gale

die Galerie

1096   gallery

Das **Pferd galoppiert.**

1097   to gallop

Viktor hat gern Gesellschafts**spiele**.

1098   game

Der Gänserich ist der Vater der Gänschen.

1099   gander

die Räuber**bande**

1100   gang

Ulli hat einen **Zwischenraum** zwischen ihren Vorderzähnen.

1101   gap

Das Auto ist in der **Garage**.

1102   garage

die Abfälle, der Müll

1103   garbage/rubbish*

der Mülleimer

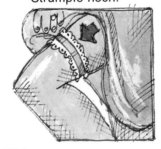

1104   garbage can/rubbish bin*

der Gemüse**garten**

1105   vegetable **garden**

gurgeln

1106   to gargle

Der Knoblauch hat einen starken Geschmack.

1107   garlic

Das Strumpfband hält die Strümpfe hoch.

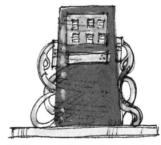

1108   garter

das Gas

Der Ballon war mit **Gas** gefüllt.
Gewisse **Gase** sind leichter als Luft.

The balloon was filled with gas.
Some gases are lighter than air.

1109   gas

Benzin ist ein Kraftstoff.

1110   gas/petrol*

Mit dem **Gaspedal** reguliert man die Geschwindigkeit.

1111   gas pedal/accelerator*

die Benzinpumpe

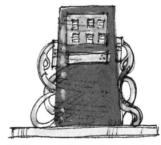

1112   gas/petrol pump*

die Tankstelle

1113   gas/petrol station*

das Garten**tor**
1114   gate

Sie **pflückt** Blumen.
1115   to gather

die Zahnräder
1116   gears

der Edelstein
1117   gem

der General
1118   general

ein **freigebiger** Freund
1119   a generous friend

ein **milder** Mensch, ein **sanftmütiger** Mensch
1120   a gentle person

Vati ist **ein** wahrer **Gentleman.**
1121   gentleman

ein **echtes** Schwein
1122   a genuine pig

Wir studieren alle **Geographie.**
1123   geography

die Geranie
1124   geranium

eine zahme **Rennmaus,** eine zahme **Springmaus**
1125   gerbil

Die Bazillen sind Krankheitserreger.
1126   germ

Fang die Maus!
1127   Get that mouse!

Ich möchte es gern **zurückhaben.**
1128 I want to **get** it **back.**

ins Schwimmbad **steigen**
1129   to **get in** the pool

heruntersteigen
1130   to **get off**

hinaufsteigen
1131   to **get on**

Ulli **schafft** die Abfälle **weg.**
1132   to **get rid of**

Aber erst **steht** sie **auf.**
1133   to **get up**

das Gespenst	1134 ghost
der Riese	1135 giant
das Geschenk	1136 gift
ein **gigantischer** Walfisch	1137 gigantic
kichern	1138 to giggle
Fische atmen durch **Kiemen**.	1139 gills
Ingwer ist ein Gewürz.	1140 ginger
ein leckeres **Lebkuchen**männchen	1141 gingerbread
Ein **Zigeuner**wagen ist immer unterwegs.	1142 gipsy
Reicht **die Giraffe** wirklich bis zum Himmel?	1143 giraffe
das Mädchen	1144 girl
Sie **gab** Anna den Regenschirm.	1145 to give
der Gletscher	1148 glacier
Ich bin **froh**.	1149 I am glad.
Fenster sind aus **Glas**.	1150 glass
Anna hat ihn nach dem Regen **zurückgegeben**.	1146 to give back
Trägst du **eine Brille**?	1152 glasses
gleiten	1153 to glide
ein **Glas** Wasser	1151 glass
Ich ergebe mich.	1147 I give up!

Das Segelflugzeug fliegt ohne Motor.

1154   glider

die Handschuhe

1155   gloves

Dieser **Leim** klebt!

1156   glue

gehen

1157   to go

Der Torwart verteidigt **das Tor**.

1161   goal

Ist das ein Ziegenbock oder **eine Ziege**?

1162   goat

Die Schutzbrille schützt ihre Augen.

1163   goggles

Er **geht** an die Arbeit **hinunter**.

1158   to go down

der **Gold**barren

1164   gold

der **Goldfisch**

1165   goldfish

Onkel Ernst spielt **Golf**.

1166   golf

Rex **geht hinein**, um ein Schläfchen zu halten.

1159   to go in

Dieses Essen schmeckt **gut**!

1167   good

Auf Wiedersehen, Mutti!

1168   Goodbye!

die Gans

1169   goose

Hans klettert die Bohnenranke hinauf.

1160   to go up

die Stachelbeere

1170   gooseberry

Sie meint, sie hat eine **fabelhafte** Frisur.

1171   gorgeous

der **Gorilla**

1172   gorilla

regieren

Die Regierung **regiert** das Land.
Ein Land zu **regieren**, ist nicht so einfach, wie es aussieht.

The government governs the country.
It is not as easy to govern a country as it seems.

1173   to **govern**

die Regierung

Die Regierung wird vom Volk gewählt.
Ullis Vater, der Admiral, arbeitet für die Regierung.

The government is elected by the people.
Ulli's father, the admiral, works for the government.

1174 government

Er **schnappt** ihr Eis weg und wird dafür bestraft werden.

1175 to grab

Er ist sehr **liebenswürdig**.

1176 He is very gracious.

Ich gehe in **die erste Klasse**.

1177 grade / form*

Wir ernten **das Getreide**, um daraus Mehl zu machen.

1178 grain

1000 **Gramm** = 1 Kilogramm

1179 gram

der Enkel

1180 grandchild

der Großvater

1181 grandfather

Ullis **Großmutter** bäckt gern.

1182 grandmother

Der Granit ist ein hartes Gestein.

1183 granite

bewilligen, erfüllen

Ich **bewillige** dir zehn Tage Urlaub.
Die gute Fee wird dir drei Wünsche **erfüllen**.

I grant you ten days' leave of absence.
The good fairy will grant you three wishes.

1184 to grant

eine Traube, Weintrauben

1185 grapes

die Pampelmuse

1186 grapefruit

das Diagramm

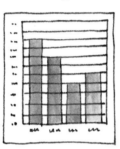

1187 graph

das Gras

1188 grass

die Heuschrecke

1189 grasshopper

das Reibeisen

1190 grater

das Grab

1191 grave

der lockere **Kies** am Straßenrand

1192 gravel

Die Schwerkraft verursacht den Fall des Apfels vom Baum.

1193 Gravity makes apples fall.

Die Kühe **grasen** auf der Weide.

1194   to graze

Schmiere behebt das Quietschen.

1195   grease

ein **tolles** Spielzeug

1196   a **great** toy

habgierig

1197   greedy

grün

1198   green

grüne Bohnen

1199   green bean

das Treibhaus

1200   greenhouse

Gerd **grüßt** jede Dame.

1201   to greet

grau

1202   grey*/gray

grillen

1203   to grill

schmutzig

1204   grimy

grinsen, schmunzeln

1205   to grin

Mutti **dreht** Fleisch **durch den Wolf**.

1206   to grind/to mince*

Pack die Lenkstange fest **an**!

1207   to grip

stöhnen, ächzen

1208   to groan

Der Kaufmann zeigt ihr, wo sie es finden wird.

1209   grocer

Braut und **Bräutigam**

1211   groom

Der Reitknecht striegelt das Pferd.

1212   groom

Pamela **macht sich schön**.

1213   to groom

Lebensmittel einkaufen

1210   shopping for **groceries**

die Rille, die Kerbe	Das ist aber **kraß**!	der Boden, der Erdboden	**das Waldmurmeltier**
1214 groove	1215 gross/disgusting*	1216 ground	1217 groundhog
eine Gruppe von Leuten	**wachsen**	**knurren**	**der Erwachsene**
1218 group	1219 to grow	1220 to growl	1221 grown-up
bewachen	Laß mich mal **raten**.	Er läßt **den Gast** herein.	Er **führt** den Gast zu seinem Zimmer.
1222 to guard	1223 to guess	1224 guest	1225 to guide
schuldig, schuld Wer ist an diesem Diebstahl **schuld**? Der Dieb, der die Bonbons genommen hat, ist **schuldig**. *Who is guilty of this theft? The thief who took the candy is guilty.*	**Meerschweinchen** fressen viel.	**die Gitarre**	**der Golf** von Mexiko
1226 guilty	1227 guinea pig	1228 guitar	1229 Gulf of Mexico
Die Möwen leben in der Nähe des Wassers.	Putz auch **das Zahnfleisch**, damit es gesund bleibt.	Es gibt bessere Gewohnheiten, als **Kaugummi** zu kauen.	Das Wasser läuft durch **die Gosse** ab.
1230 gull	1231 gum	1232 gum/chewing gum*	1233 gutter

eine schlechte **Gewohnheit**

1234   bad habit

der Schellfisch

1235   haddock

Der Hagelschauer kam plötzlich.

1236   hail

Ullis Schwester hat sehr dichtes **Haar**.

1237   hair

die Haarbürste

1238   hairbrush

der Friseur

1239   hairdresser

Das ist kein kleiner **Haartrockner!**

1240   hairdryer

Möchtest du **die** andere **Hälfte**?

1241   half

das Vorzimmer, die Diele

1242   hall

Hallowe'en ist **der Abend vor Allerheiligen**.

1243   Halloween/Hallowe'en*

der Korridor

1244   hallway/corridor*

Der Soldat **hielt** vor der Tür **an**.

1245   to halt

der Hammer

1246   hammer

Robbi **hämmerte** den Nagel ins Brett.

1247   to hammer

die Hängematte

1248   hammock

der Hamster

1249   hamster

die Hand

1250   hand

austeilen

1251   to hand out

die Handbremse

1252   hand brake

die Handschellen

1253 handcuffs

das Handikap
Blinde haben **ein** Handikap.
Der Mensch kann jedes Handikap überwinden.

The blind have a handicap.
People can overcome any handicap.

1254 handicap

der Griff

1255 handle

das Geländer

1256 handrail

Er kommt sich sehr **gut aussehend** vor.

1257 handsome

Er ist so **geschickt**, er kann alles reparieren.

1258 handy person

Häng das Bild gerade **auf!**

1259 to hang

sich festhalten

1260 to hang on

der Hangar

1262 hangar

Häng deinen Mantel auf **den Kleiderbügel**.

1263 hanger

das Taschentuch

1264 handkerchief

aufhängen

1261 to hang up

Unfälle können **passieren**.

1265 Accidents happen.

Er ist **fröhlich**.

1266 He is happy.

Das Schiff legte im **Hafen** an.

1267 harbor/harbour*

Die Ziegel sind zu **hart**.

1268 hard

der Hase

1269 hare

Schade nie einem Tier!

1270 to harm

die Mundharmonika

1271 harmonica

Das Pferd ist im **Geschirr**.
1272 harness

die Harfe	ein **strenger** Winter	**ernten**	**der Hut**
1273 harp	1274 a **harsh** winter	1275 to **harvest**	1276 hat
Das Küken ist **ausgeschlüpft**.	**das Beil**	Robert **schleppt** eine schwere Last.	das **verwunschene** Haus
1277 to **hatch**	1278 hatchet	1279 to **haul**	1280 **haunted** house
Gusti **hat** die Puppe, die Gerda **haben** möchte.	**der Habicht**	**Das Heu** ist für die Pferde.	Wenn das Wetter **Dunst** bringt, haben wir einen diesigen Tag.
1281 to **have**	1282 hawk	1283 hay	1284 **Haze** makes for a hazy day.
der Haselbusch	**die Haselnuß**	**der Kopf**	Ich habe **Kopfweh**.
1285 hazel	1286 hazelnut	1287 head	1288 I have a **headache**.
die Kopfstütze	Sein gebrochenes Bein **heilt**.	eine **gesunde** Blume	**ein** großer Müll**haufen**
1289 headrest	1290 to **heal**	1291 **healthy** flower	1292 heap/pile*

Ich **höre** eine Stimme.	**das Herz**	heiß machen, **erhitzen**, erwärmen	**der Heizkörper**
1293 I **hear** a voice.	1294 heart	1295 to heat	1296 heater/radiator*
hochheben	**der Himmel**	ein riesig **schwerer** Elefant	Hast du **die Hecke** gestutzt?
1297 to heave	1298 heaven	1299 one **heavy** elephant	1300 hedge
Der Igel ist kein Stachelschwein.	**die Ferse**	**der Helikopter**	**die Hölle**
1301 hedgehog	1302 heel	1303 helicopter	1304 hell
Hallo!	am **Ruder** des Schiffes	Soldaten tragen **Helme**.	Ullis Mutter **hilft** gern ihren Mitmenschen.
1305 hello	1306 helm	1307 helmet	1308 to help
Ein kleines Baby ist **hilflos**.	**der Saum**	**die Halbkugel**	**die Henne**
1309 helpless	1310 hem	1311 hemisphere	1312 hen

Das Siebeneck hat sieben Seiten.

1313   heptagon

die Kräuter

1314   herbs

die Vieh**herde, eine Herde** Vieh

1315   herd

Komm **her**!

1316   Come **here**!

Der Einsiedler lebt ganz allein.

1317   hermit

der Held

1318   hero

die Heldin

1319   heroine

der Hering

1320   herring

Paul **zögert**, bevor er hineinspringt.

1321   to hesitate

Das Sechseck hat sechs Seiten.

1322   hexagon

Die Bären **halten** im Winter ihren **Winterschlaf**.

1323   to hibernate

schlucksen, hicksen

1324   to hiccup / hiccough*

das Fell eines Tieres

1325   hide

sich verstecken

1326   to hide

das Versteck

1327   hiding-place

ein **hoher** Berg

1328   a high mountain

das Hochhaus

1329   highrise / **tower block***

die Mittelschule

1330   high school / secondary school*

die Fernstraße

1331   highway / motorway*

ein Flugzeug **hijacken**

1332   to **hijack** a plane

Ganz oben am **Hügel** steht ein Baum.

1333   hill

das Scharnier, die Angel

1334   hinge

die Hinterbeine

1335   hind legs

die Hand auf **der Hüfte**

1336   hand on **hip**

Der Hippopotamus heißt auch **Nilpferd** oder **Flußpferd**.

1337   hippopotamus

Ich studiere **Geschichte**.

1338   I study **history**.

den Nagel auf den Kopf **treffen**

1339   to **hit**

Bienen wohnen im **Bienenkorb**.

1340   hive

hamstern

1341   to **hoard**

eine **heisere** Stimme

1342   **hoarse** voice

Stricken ist Muttis **Hobby**.

1343   hobby

Mein Bruder spielt **Hockey**.

1344   hockey/ice hockey*

die Hacke

1347   hoe

Ulli **hält** ihre Katze.

1348   to **hold**

Ulli sollte sie aber nicht so **niederhalten**.

1349   to **hold down**

der Hockeypuck

1345   hockey puck

das Loch

1350   hole

Onkel Hans hat seinen **Urlaub** verdient.

1351   holiday

Eichhörnchen wohnen in **hohlen** Bäumen.

1352   **hollow** tree

der Hockeystock

1346   hockey stick

die Zweige und Beeren der **Stechpalme**	In Indien sind die Kühe **heilig**.	Die Eichhörnchen sind hier **zu Hause**.	**die Hausaufgaben**
1353 holly	1354 a **holy** cow	1355 **home**	1356 homework
Ist er **aufrichtig**?	Bären haben gern **Honig**.	**die Honigwabe**	**die Honigmelone**
1357 Is he **honest**?	1358 honey	1359 honeycomb	1360 honeydew melon
hupen, tuten	**die Ehre**	Ullis Mantel hat **eine Kapuze**.	Der Motor ist unter **der Haube**.
1361 to honk	1362 honor/honour*	1363 hood	1364 hood/bonnet*
Pferde haben **Hufe**.	**der Haken**	durch **einen Reifen** springen	**hoppeln, hopsen**
1365 hoof	1366 hook	1367 jump through a **hoop**	1368 to hop
Ich **hoffe**, ich werde gewinnen.	ein **hoffnungsloser** Reiter	**Himmel und Hölle**	Die Sonne geht am **Horizont** auf.
1369 I **hope** to win.	1370 hopeless	1371 hopscotch/hop-scotch*	1372 horizon

waagerecht, horizontal

1373   horizontal

die Hupe, das Horn

1374   horn

das Wald**horn**

1375   French **horn**

das Horn

1376   horn

Die Hornisse kann stechen.

1377   hornet

das Pferd

1378   horse

Der Meerrettich schmeckt scharf.

1379   horseradish

das glückbringende **Hufeisen**

1380   horseshoe

der Schlauch

1381   hose

das Krankenhaus, das Spital

1382   hospital

Es ist wirklich **heiß**.

1383   hot

So **scharf**, daß meine Zunge brennt.

1384   hot

Auf der Reise steigen wir immer in einem **Hotel** ab.

1386   hotel

Die Stunde hat sechzig Minuten.

1387   hour

die Sanduhr

1388   hourglass

der Chilipfeffer

1385   hot pepper

das Haus

1389   house

das Luftkissenfahrzeug, das Hovercraft

1390   hovercraft

Ich werde dir zeigen, **wie** man es macht.

1391   I will show you **how**.

heulen

1392   to **howl**

die Radkappe

1393   hub cap

die amerikanische Heidelbeere

1394   huckleberry

sich zusammendrängen, die Köpfe zusammenstecken

1395   to huddle

riesig

1396   huge

der Rumpf

1397   hull

der Kolibri

1398   hummingbird

der Höcker

1399   hump

hundert

1400   hundred

Sie ist **hungrig**.

1401   She is **hungry**.

jagen

1402   to hunt

schleudern, werfen

1403   to hurl

Hurrikane können ganze Städte zerstören.

1404   hurricane

eilen

1405   to hurry

Mein Handgelenk **tut** mir **weh**.

1406   My wrist **hurts**.

der Gatte, der Ehemann

1407   husband

die Hütte

1408   hut

der Geschirrschrank

1409   hutch/sideboard*

die Hyazinthe

1410   hyacinth

Der Chor singt **eine Hymne**.

1411   hymn

der Bindestrich

Der Bindestrich ist eine kurze Linie zwischen zwei Wörtern, die zusammen gehören.

Hyphens are short lines between words that belong together.

1412   hyphen

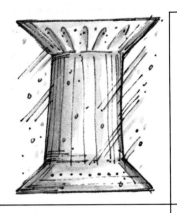

In diesem Glas sind **Eis**würfel.

1413   ice

das Eis

1414   ice cream

Eisberge können Schiffe versenken.

1415   iceberg

---

der Eiszapfen

1416   icicle

die Glasur auf dem Kuchen

1417   icing

Mir scheint, sie ist auf **eine Idee** gekommen.

1418   idea

Zwei **identische** Mädchen: sie sind eineiige Zwillinge.

1419   identical twins

---

der Idiot

1420   idiot

müßig

1421   idle

wenn

Wenn ich einen Hammer hätte, würde ich nur dann hämmern, **wenn** niemand schläft.
Wenn ich könnte, würde ich es dir kaufen.

If I had a hammer, I would only hammer when no one is sleeping.
I would buy it for you if I could.

1422   if

der Iglu

1423   igloo

---

der Zündschlüssel

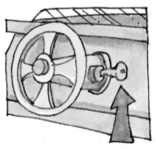

1424   ignition key

Paul ist schon tagelang **krank**.

1425   ill

beleuchten

1426   to illuminate

die Illustration, die Abbildung

Ein Bild in einem Buch ist **eine Illustration**.
Dieses Wörterbuch hat viele **Abbildungen**.

A picture in a book is called an illustration.
This dictionary has many illustrations.

1427   illustration

---

wichtig

Das ist eine **wichtige** Sache.
Was für Ulli **wichtig** ist, ist vielleicht für Hans **un**wichtig.

This is an important matter. What is important to Ulli may not be important to Hans.

1428   important

zu Hause, in

Ist Toni **zu Hause**?
In einer Weile werden wir herausfinden, wer das Plätzchen genommen hat.

Is Toni in?
In time, we will find out who took the biscuit.

1429   in

der Weihrauchträger

1430   incense

Zwölf **Zoll** sind ein Fuß.

1431   inch

der Index

Am Ende des Buches ist **ein Index**.
Der Index enthält alle Schlagwörter, die in diesem Wörterbuch vorkommen.

There is an index at the end of the book.
The index contains all the key words in this dictionary.

1432   index

indigoblau

1433   indigo

im Haus

1434   indoors

der Säugling, das Baby

1435   infant

Tante Sylvia hat **eine Infektion**.

1436   infection

ansteckend

Ihre Krankheit ist **ansteckend**.
Vati hat ein **ansteckendes** Lachen.

Her condition is infectious.
Father has an infectious laugh.

1437   infectious

Rudi **informiert** Käte über ein Geheimnis.

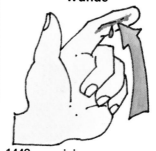

1438   to inform

Der Bär **wohnt** in einer Höhle.

1439   The bear **inhabits** a cave.

---

die Anfangsbuchstaben, die Initialen

1440   initials

Klaus bekommt **eine Injektion** in den Arm.

1441   injection

die Verletzung, die Wunde

1442   injury

die Tinte

1443   ink

Es gibt viele verschiedene **Insekten**.

1444   insect

im Karton **drin**

1445   inside

Ich muß wirklich darauf **bestehen**!

1446   to insist

inspizieren

1447   to inspect

Nimm einen Löffel **anstatt** der Gabel!

1449   Use a spoon **instead** of a fork!

die Anleitung, die Anweisung

1450   instruction

der Lehrer, der Instruktor

1451   instructor

der Inspektor

1448   inspector

die Isolation, die Isolierung

Wir haben **Isolation** in den Wänden des Hauses.
Drähte haben **Isolierung**, damit man keinen elektrischen Schlag bekommt.

There is insulation in the walls of the house.
Electrical wiring has insulation so people will not get a shock.

1452   insulation

die Kreuzung

1453   intersection/crossroads*

das Interview, das Vorstellungsgespräch

1454   interview

Daniel geht ins Zimmer hinein.

1455   into the room

Margit **stellt vor**.

1456   to introduce

Die Wikinger **sind** in fremde Länder **eingefallen**.

1457   to invade

Viele von ihnen sind dann **Invaliden** geworden.

1458   invalid

Was **hat** er eigentlich da **erfunden**?

1459   to invent

---

der **unsichtbare** Mann

1460   invisible

Hier ist **eine Einladung** zu unserer Party.

1461   invitation

Er **lädt** sie **ein**.

1462   He is **inviting** her.

die Schwertlilie

1463   iris

Günter **bügelt** seine Kleidung.

1464   to iron

das Bügeleisen

1465   iron

das **eiserne** Visier

1466   iron mask

die Insel

1467   island

---

das Jucken, der Juckreiz

Ulli hat von Giftefeu **ein** arges **Jucken** bekommen.
Der Juckreiz verschwindet, wenn sie sich nicht kratzt.

Ulli got a bad itch from poison ivy.
The itch will go away if she does not scratch.

1468   itch

jucken

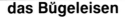

1469   to itch

Ich habe einen **juckenden** Hautausschlag.

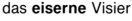

1470   My skin is **itchy**.

Efeu wächst an den Mauern empor.

1471   ivy

Arno stößt ihn mit dem Ellbogen in die Seite.

1472   to jab

Ist diese Jacke die richtige Größe?

1473   jacket

der Buchumschlag

1474   dust jacket

eine zackige Kante

1475   jagged edge

das Gefängnis

1476   jail/gaol*

die Marmelade

1477   jam

einklemmen

1478   to jam

Januar ist der erste Monat des Jahres.

1479   January

die Kruke, der Topf

1480   jar

ein Rachen voller Zähne

1481   jaw

die Jeans

1482   jeans

der Jeep

1483   jeep

Es gibt Wackelpeter zum Nachtisch.

1484   jelly

der Düsenmotor

1485   jet engine

das Düsenflugzeug

1486   jet plane

ein kostbarer Edelstein

1488   jewel

das Puzzle

1489   jigsaw puzzle

eine Arbeit verrichten

1490   doing a job

der Wasserstrahl

1487   jet of water

Der Jockey reitet das Rennpferd.

1491   jockey

joggen

1492   to jog

Bring die zwei Enden **zusammen**.

1493   to join

Dieses **Gelenk** ist **das** Ellbogen**gelenk**.

1494   joint

Onkel Herbert findet den **Witz** lustig.

1495   joke

Der Richter wird entscheiden.

1496   judge

der Jongleur

1497   juggler

frischer Orangen**saft**

1498   juice

Juli ist der siebente Monat des Jahres.

1499   July

springen

1500   to jump

hineinspringen

1501   to jump in

draufspringen

1502   to jump on

Günter ist **ein** guter **Springer**.

1503   jumper

dér Kittel

1504   jumper/pinafore*

die Starthilfekabel

1505   jumper cables/jump leads*

Juni ist der sechste Monat des Jahres.

1506   June

Im **Dschungel** gibt es Tiger.

1507   jungle

Eine Dschunke ist ein chinesisches Segelschiff.

1508   junk

Alter **Kram** endet im Müll.

1509   junk

gerade, nur, gerecht

Ulli ist **gerade** zu Hause angekommen.
Danke, **nur** ein bißchen.
Ein Richter muß ein **gerechter** Mensch sein.

Ulli just got home.
Just a little, thanks.
A judge must be a just person.

1510   just

K

das Kaleidoskop

1511   kaleidoscope

das Känguruh

1512   kangaroo

der Kiel

1513   keel

Rex faulenzt gerne in seiner **Hundehütte**.

1514   kennel

das Mais**korn**

1515   kernel

der Teekessel

1516   kettle

der Schlüssel

1517   key

kicken

1518   to kick

Dieser **Kleine** heißt Adam.

1519   kid

Die Jungen der Ziege heißen **Zicklein**.

1520   kid

Wer Menschen **entführt**, ist ein Verbrecher.

1521   to kidnap

die Niere

1522   kidney

Ein Jäger **tötete** den Löwen.

1523   to kill

ein Brennofen für Tongefäße

1524   kiln

1 **Kilogramm** = 1000 Gramm

1525   kilogram

1 **Kilometer** = 1000 Meter

1526   kilometer/kilometre*

In Schottland tragen die Männer einen **Kilt**.

1527   kilt

Ein Kleid ist **eine Art** von Kleidungsstück.

1528   A dress is a **kind** of garment.

ein **freundliches** Mädchen

1529   **kind** girl

der König

1530   king

der Eisvogel

1531   kingfisher

ein Zeitungs**kiosk**

1532   kiosk

die Bücklinge

1533   kippers

küssen

1534   to kiss

Gib mir **einen Kuß.**

1535   kiss

die Küche

1536   kitchen

einen Drachen steigen lassen

1537   kite

Das Kätzchen wird zu einer Katze heranwachsen.

1538   kitten

die Kiwi

1539   kiwi

das Knie

1540   knee

knien

1541   to kneel

das Messer

1542   knife

Kannst du einen Pulli **stricken?**

1543   to **knit**

der Türknopf

1544   knob

an die Tür **klopfen**

1545   to **knock**

der Knoten

1546   knot

wissen, können, kennen

Weißt du, was das bedeutet?
Ulli **kann** etwas Französisch.
Kurt **kennt** Ulli sehr gut.

Do you know what this means?
Ulli knows some French.
Kurt knows Ulli very well.

1547   to **know**

das Fingergelenk, der Fingerknöchel

1548   knuckle

Die Koalas leben in Australien.

1549   koala bear

L

Das Etikett trägt eine Warnung.

1550　label

das Laboratorium

1551　laboratory

ein feiner **Spitze**nkragen

1552　lace

die Leiter

1554　ladder

der Schöpflöffel, die Kelle

1555　ladle

die Dame

1556　lady

Bobby **bindet** seine Schuhe **zu**.

1553　to lace

der Marienkäfer

1557　ladybug/ladybird*

der Löffelbiskuit

1558　ladyfingers

Das Ungeheuer lauert in seinem **Bau**.

1559　lair

Seen sind von Land umgeben.

1560　lake

das Lamm

1561　lamb

Rosi ist auf einem Bein **lahm**.

1562　lame

die Lampe

1563　lamp

der Laternenpfahl

1564　lamp-post

die Lanze

1565　lance

das Land

1566　land

landen

1567　to land

der Treppenabsatz

1568　landing

der Hausherr

Die Wohnung, in der wir wohnen, gehört **dem Hausherrn**.
Wir zahlen unserem **Hausherrn** jeden Monat Miete.

The apartment we live in belongs to our landlord.
We pay our landlord rent every month.

1569   landlord

Manche Straßen haben mehrere **Fahrbahnen**.

1570   lane

die Sprache

Deutsch ist Ullis erste **Sprache**.
Ulli möchte **eine** andere **Sprache** lernen.
Wie viele **Sprachen** sprichst du?

German is Ulli's first language.
Ulli wants to learn another language.
How many languages can you speak?

1571   language

die Laterne

1572   lantern

Das Baby sitzt auf ihrem **Schoß**.

1573   lap

die Lärche

1574   larch

das Schweinefett, das Schmalz

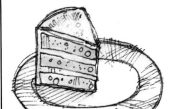

1575   lard

mächtig, groß

1576   large

---

die Lerche

1577   lark

die Wimper

1578   lash

das **letzte** Stück

1579   the **last** piece

Manche Dinge **halten** ewig.

1580   Some things do **last**.

Bitte **hak** die Tür **ein**!

1581   to latch

Du bist **verspätet**!

1582   You are **late**.

der Seifenschaum

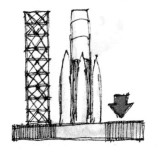

1583   lather

lachen

1584   to laugh

Herrn Fuhrmanns **Motorboot**

1585   launch

abschießen

1586   to **launch**

die Abschußrampe

1587   launchpad

schmutzige **Wäsche**

1588   laundry/washing*

Karola wäscht ihre schmutzige Wäsche in **der Wäscherei**.

1589   laundry/launderette*

der Lavendel

1590   lavender

Befolge **die Gesetze!**

1591   Obey the **law!**

Hast du **den Rasen** gemäht?

1592   lawn

mit Fliesen **auslegen**

1594   to **lay** tiles

Schicht auf **Schicht**

1595   **layer** upon **layer**

Morgen, morgen, nur nicht heute, sagen alle **faulen** Leute.

1596   He is **lazy.**

der Rasenmäher

1593   lawn mower

Vinzenz **führt** das Pferd.

1597   to **lead**

der Leiter der Gruppe

1598   **leader**

das Blatt

1599   **leaf**

Der Eimer **läßt** Wasser **durch**.

1600   to **leak**

Der Turm **steht schief**.

1601   to **lean**

Ich **lerne** lesen.

1602   I **learn** to read.

die Leine

1603   **leash/lead***

Schuhe sind aus **Leder**.

1604   Shoes are made of **leather**.

Ich **lasse** es hier.

1605   to **leave**

Toni **geht weg**.

1606   to **leave**

das Fenster**sims**

1607   **ledge** of a window

der Lauch

1608   **leek**

Bieg an der Ecke **links** ein!	Er ist **linkshändig**.	**das Bein**	**die Legende** vom Zyklopen
1609 left	1610 He is left-handed.	1611 leg	1612 legend
die Zitrone	**die Limonade**	Ich **leihe** dir das Buch.	**das Brillenglas**
1613 lemon	1614 lemonade	1615 to lend	1616 lens
Der Leopard lauert.	**die Trikothose**	Rechts ist **weniger**.	Der weise Mann erteilt **eine Lehre**.
1617 leopard	1618 leotard	1619 There is less here.	1620 lesson
Laß mich los!	A ist **der** erste **Buchstabe** des Alphabets.	Ulli hat diesen **Brief** geschrieben.	**der Kopfsalat**
1621 Let me go!	1622 letter of the alphabet	1623 letter	1624 lettuce
eine **waagrechte** Oberfläche	**der Hebel**	**Dem Lügner** ist eine lange Nase gewachsen.	Ruhe in der **Bibliothek**!
1625 level surface	1626 lever	1627 liar	1628 library

das Nummernschild

1629   licence plate/number plate*

lecken

1630   to lick

der Deckel

1631   lid

Ich weiß sofort, wenn er **lügt**.

1632   to lie

Dieses Baby hat gerade sein **Leben** begonnen.

1634   life

das Rettungsboot

1635   lifeboat

heben

1636   to lift

sich niederlegen

1633   to lie down

Mach **Licht**!

1637   light/table lamp*

Vati **zündet** die Kerze **an**.

1638   to light

die Glühbirne, die Glühlampe

1639   lightbulb

Sie **macht** seine Bürde **leichter**.

1640   She **lightens** the load.

der Leuchtturm

1641   lighthouse

der Blitz

1642   lightning

der Blitzableiter

1643   lightning rod

Grete **hat** ihre Katze **gern**.

1644   to like

wahrscheinlich

Sophie kommt morgen **wahrscheinlich** nicht.
Ulli, deine Geschichte ist kaum **wahrscheinlich**.

Sophie is not likely to come tomorrow.
Ulli, this is hardly a likely story.

1645   likely

Der Flieder blüht im Frühling.

1646   lilac

die Osterlilien

1647   lily

der Ast eines Baumes

1648   limb

die Limone

1649   lime

die Grenze

Ich muß **Grenzen** setzen:
jedes Kind bekommt drei
Bonbons.
Johanns Güte kennt keine
Grenzen.

*I must set limits: each kid
gets three candies.
There is no limit to
Johann's kindness.*

1650   limit

Unser Nachbar **humpelt**.

1651   to limp

Kannst du **eine** ganz
gerade **Linie** ziehen?

1652   line

unsere Bett- und
Tisch**wäsche**

1653   linen

der Ozean**dampfer**

1654   liner

Meine Jacke hat **ein**
warmes **Futter**.

1655   lining

**sich einhaken,
sich einhängen**

1656   to link

die Fusseln

1657   lint

der Löwe

1658   lion

die Lippen

1659   lips

der Lippenstift

1660   lipstick

Wasser und Milch sind
Flüssigkeiten.

1661   liquid

die Liste

1662   list

Sie **hören zu**.

1663   They are **listening**.

der Liter

1664   liter/litre*

Verstreu niemals deine
Abfälle!

1665   to litter

ein **kleiner** Apfel

1666   a little apple

leben

Ulli **lebt** nicht weit von der
Stadt.
Tante Ilse hat siebzig Jahre
gelebt.
Es wäre schwer, am Mond zu
leben.

*Ulli lives near the city.
Aunt Ilse lived seventy years.
It would be difficult to live on
the moon.*

1667   to live

lebhaft

1668   lively

das Wohnzimmer

1669   living room/lounge*

die Eidechse

1670   lizard

Der Soldat lädt die Kanone.

1671   to load

Das Lastauto wird beladen.

1672   to load

ein frischer **Laib** Brot

1673   loaf

leihen

Egon hat Ulli Geld **geliehen**, weil sie ihr ganzes Taschengeld ausgegeben hat.

Egon loaned Ulli some money because she already spent her whole allowance.

1674   to **loan/lend***

der Hummer

1675   lobster

Hast du die Tür **zugesperrt?**

1676   to lock

die Lokomotive

1678   locomotive

die Heuschrecke

1679   locust

eine Skihütte

1680   lodge/chalet*

Die Tür hat **ein Schloß**.

1677   lock

der Dachboden, die Dachwohnung

1681   loft

der Holzklotz

1682   log

der Lutscher

1683   lollipop

einsam

1684   lonely

Die Giraffe hat einen **langen** Hals.

1685   long

schauen

1686   to **look**

Ulli webt einen Schal auf ihrem **Webstuhl**.

1687   loom

eine Schlinge am Ende des Seils

1688   loop

lose

1689   loose

Toni **hat** einen Fäustling **verloren**.

1690   to lose

Diese **Lotion** schützt seine Haut.

1691   lotion

Die **laute** Musik tut Julies Ohren weh.

1692   loud

der Lautsprecher, das Megaphon

1693   loudspeaker

faulenzen, herumlungern

1694   to lounge

die Liebe

Das Wichtigste ist **die Liebe**.
Ulli sagt, wenn man **Liebe** hat, hat man alles.

Love is the most important thing.
Ulli says that if you have love you have everything.

1695   love

Wir **lieben** einander.

1696   to love

reizend

1697   lovely

ein **niedriger** Ast

1698   low branch

hinunterlassen, herunterlassen

1699   to lower

glücklich

Ulli ist **glücklich**, einen so herzigen kleinen Bruder zu haben.

Ulli is lucky to have such a cute little brother.

1700   lucky

das Gepäck

1701   luggage

Lauwarmes Wasser ist weder heiß noch kalt.

1702   lukewarm water

Mutti singt **ein Wiegenlied**.

1703   lullaby

das Bauholz

1704   lumber/timber*

die Beule

1705   lump

ein leichtes **Mittagessen**

1706   lunch

die Vespertasche

1707   lunchbox

Gesunde **Lungen** sind wichtig.

1708   lung

M

die Illustrierte, das Magazin
1709 magazine

Maden sind eklig.
1710 maggot

Eine erstaunliche **Zauberei!**
1711 magic

der Magnet
1713 magnet

Was für eine **prachtvolle** Robe!
1714 magnificent

die Lupe
1715 magnifying glass

der Zauberer
1712 magician

die Elster
1716 magpie

aufgeben, einwerfen
1717 to mail/post*

der Briefträger
1718 mail carrier/postman*

Was **macht** Axel eigentlich?
1719 to make

Margit trägt **Make-up**.
1720 makeup

männlich und weiblich
1721 male

der Schlegel
1722 mallet

ein Mann und eine Frau
1723 man

die Mandarine
1724 mandarin

die Mandoline
1725 mandolin

Dieses Pferd hat **eine** graue **Mähne**.
1726 mane

Die Mango ist eine sehr süße Frucht.
1727 mango

Er hat gute Manieren.

1728   He has good **manners**.

viele

1729   many

die Landkarte

1730   map

Der Bildhauer meißelt eine Statue aus **Marmor**.

1731   marble

marschieren

1733   to march

März ist der dritte Monat des Jahres.

1734   March

Das weibliche Pferd ist **eine Stute**.

1735   mare

die Murmeln

1732   marbles

die Ringelblume

1736   marigold

Zeichne die richtige Antwort **an**.

1737   to mark

Du hast ausgezeichnete **Noten**.

1738   mark

Du bekommst es am **Markt**.

1739   market

heiraten

1740   to marry

der Sumpf

1741   marsh

Wenn Mutti Kartoffeln **stampft**, hilft Ulli immer mit.

1742   to mash potatoes

Es ist ja nur **eine Maske**.

1743   mask

die Masse

1744   mass

Jedes Segelboot hat **einen Mast**.

1745   mast

Andrea hat die Kunst des Radfahrens **gemeistert**.

1746   to master

das Tennis**match**

1747   match

Spiel niemals mit Zündhölzern!

1748   match

die Mathematik

2
+2
——
4

1749   mathematics

Was ist mit Guido los?
Es ist nichts los, er schaut nur traurig aus.

What is the matter with Guido?
Nothing is the matter, he just looks unhappy.

1750   matter

die Matratze

1751   mattress

Mai ist der fünfte Monat des Jahres.

1752   May

vielleicht

Ulli sollte **vielleicht** zu Hause bleiben.
Die Antwort ist weder ja noch nein, sondern **vielleicht**.

Maybe Ulli should stay home.
The answer is not yes and it is not no, it is maybe.

1753   maybe

der Bürgermeister

1754   mayor

Ein Irrgarten nennt sich auch **Labyrinth**.

1755   maze

Blumen und Gräser wachsen auf **der Wiese**.

1756   meadow

der Lerchenstärling

1757   meadowlark

die Mahlzeit

1758   meal

ein **gemeiner** Kerl

1759   mean person

Franziska hat **Masern**.

1760   measles

messen

1 2 3 4 5 6

1761   to measure

das Fleisch

1762   meat

der Mechaniker

1763   mechanic

Sara hat **eine Medaille** für Tapferkeit bekommen.

1764   medal

Der Doktor entscheidet, welche **Arznei** du brauchst.

1765   medicine

die **mittlere** Größe

1766   medium

sich treffen

1767   to meet

Die Lehrer sind in einer **Konferenz** versammelt.

1768   meeting

die Melone

1769   melon

schmelzen, tauen

1770   to melt

Unser Klub hat vier **Mitglieder**.

1771   Our club has four **members**.

die Speisekarte, das Menü

1772   menu

die Gnade

Wir sind dem Wetter auf **Gnade** und Ungnade ausgeliefert.
Der Bandit zeigte niemandem **Gnade**.

We are at the mercy of the weather.
The bandit showed no mercy to anyone.

1773   mercy

die Seejungfrau, die Wasserjungfrau

1774   mermaid

fröhlich

1775   merry

ein heilloses **Durcheinander**

1776   a real mess

Eine wichtige **Nachricht** für dich.

1777   message

der Bote

1778   messenger

ein Krug aus **Metall**

1779   metal

Der **Meteorit** fällt vom Himmel.

1780   meteorite

die Meßuhr

1781   meter

1 Meter = ungefähr 40 Zoll

1782   meter/metre*

die Methode

Ulli hat **eine Methode**, um Dinge rasch zu erlernen.
Eine Methode ist die Art und Weise des Vorgehens.

Ulli has a method for learning quickly.
A method is the way of doing things.

1783   method

das Metronom

1784   metronome

Therese singt ins **Mikrophon**.

1785   microphone

das Mikroskop

1786   microscope

der Mikrowellenherd

1787   microwave oven

der Mittag

1788   midday

in der Mitte

1789   in the middle

der Zwerg, der Liliputaner

1790   midget

die Mitternacht

1791   midnight

die Meile

Eine Meile ist 1,6 Kilometer. Die erlaubte Geschwindigkeit ist 30 **Meilen** pro Stunde.

One mile equals 1.6 kilometers.
The speed limit is 30 miles per hour.

1792   mile

die Milch

1793   milk

die Mühle

1794   mill

ein hervorragender Verstand

$E = MC^2$

1795   mind

Das Bergwerk ist tief unter der Erde.

1796   mine

Der Bergmann prüft das Gestein.

1797   miner

die Mineralien

1798   minerals

die Elritze

1799   minnow

das Pfefferminz, die Minze

1800   mint

minus

$7 - 5 = 2$

1801   minus

Eine Stunde hat sechzig **Minuten**.

1802   minute

Etwas ist bei diesem **Wunder** schiefgegangen.

1803   miracle

eine Fata Morgana in der Wüste

1804   mirage

der Spiegel

1805   mirror

Ein Geizhals will mit niemandem teilen.

1806   miser

Mir **fehlt** meine Familie.

1807   to miss

die Rakete	Robert hat sich im **Nebel** verirrt.	**die Mistel, der Mistelzweig**	**die Fäustlinge**
1808 missile	1809 mist	1810 mistletoe	1811 mittens
mischen	**der Mixer, das Mixgerät**	**Der Burggraben** ist voll Wasser.	**spotten**
1812 to mix	1813 mixer	1814 moat	1815 to mock
die Spottdrossel	das **Modell**flugzeug	ein **moderner** Stuhl	Dieses Baby ist trotz **feuchter** Windel recht fröhlich.
1816 mockingbird	1817 model airplane/aeroplane*	1818 modern chair	1819 moist
der Maulwurf	Ich habe **ein Muttermal** auf der Wange.	**Einen Moment** bitte!	**Montag**
1820 mole	1821 mole	1822 One moment please.	Montag ist der erste Tag der Woche. Jeden **Montag** steht Ulli früh auf. *Monday is the first day of the week. Every Monday, Ulli gets up early.* 1823 Monday
das Geld	**der Affe**	**der Engelhai**	**das Ungetüm, das Ungeheuer**
1824 money	1825 monkey	1826 monkfish	1827 monster

Das Jahr hat zwölf **Monate**.
1828   month

das Denkmal, das Monument
1829   monument

Er ist guter **Laune**.
1830   He is in a good **mood**.

Er ist schlechter **Laune**.
1831   He is in a bad **mood**.

die **Mond**sichel
1832   moon

der Elch
1833   moose

der Morgen
1834   morning

Mörser und Stößel
1835   mortar and pestle

das Mosaik
1836   mosaic

der Moskito
1837   mosquito

das Moos
1838   moss

die Mutter
1839   mother

der Elektro**motor**
1840   motor

das Motorrad
1841   motorcycle

die Kuchen**form**
1842   mould*/mold

der Erd**haufen**
1843   mound

Er **steigt auf** sein Pferd und beginnt seinen Arbeitstag.
1844   to **mount**

der Berg
1845   mountain

die Maus
1846   mouse

der Schnurrbart
1847   moustache*/mustache

der Mund

1848   mouth

Schnecken **bewegen sich** langsam.

1849   to move

die Pendel**bewegung**

1850   movement

das Kino

1851   movie/film*

den Rasen **mähen**

1852   to **mow** the lawn

zu **viel** für mich

1853   too **much** for me

Warum sitzt er im **Schlamm**?

1854   mud

der Maulesel

1855   mule

multiplizieren

1856   multiply

der Mumps

1857   mumps

Wer jemandem **ermordet**, ist ein Verbrecher.

1858   to murder

der Muskel

1859   muscle

das Museum

1860   museum

Manche **Pilze** sind giftig.

1861   mushroom

Ulli hat gern **Musik**.

1862   music

Ullis Mutter is **Musikerin**.

1863   musician

die Muschel

1864   mussel

Du **mußt** springen!

1865   You **must** jump.

der Senf

1866   mustard

der Maulkorb

1867   muzzle

N

der Nagel

1868   nail

der Fingernagel

1869   fingernail

die Nagelzange

1870   nail clipper

nackt

1872   naked

Mein Name ist. . .

1873   My name is…

die Serviette

1874   napkin/serviette*

nageln

1871   to nail

zu **schmal**, um durchzugehen

1875   too **narrow** to pass

Island ist **eine Nation.**

1876   nation

natürlich

Es ist gesund, **natürliche** Nahrungsmittel zu essen. Obst enthält **natürlichen** Zucker.

*It is healthy to eat natural foods.
Fruit contains natural sugar.*

1877   natural

Die Natur ist herrlich.

1878   nature

Sie ist **unartig.**

1879   She is **naughty.**

navigieren

1880   to navigate

Sie ist schon **nahe.**

1881   near

gepflegt

1882   neat

nicht angenehm, aber **notwendig**

1883 Not pleasant, but **necessary.**

der Hals

1884   neck

das Halsband

1885   necklace

Die Bienen sammeln **Nektar**, um Honig zu machen.

1886   nectar

die Nektarine

1887   nectarine

die Not

In der **Not** erkennt man seine Freunde.
Ulli hilft immer ihren Freunden in **Not**.

A friend in need is a friend indeed.
Ulli always helps her friends in need.

1888   need

Ich **brauche** Wasser.

1889   I **need** water.

Kannst du **eine Nadel** einfädeln?

1890   needle

Er **vernachlässigt** seinen Hund.

1891   He **neglects** his dog.

Das Pferd **wieherte**, um Ulli aufzuwecken.

1892   to **neigh**

die Nachbarn

1893   neighbors/neighbours*

Keiner der Schuhe paßt.

1894   **neither** one fits

die Neonreklame

1895   neon sign

Mein **Neffe** ist der Sohn meines Bruders.

1896   My **nephew** is my brother's son.

Der Körper enthält eine große Anzahl von **Nerven**.

1897   nerve

Alex ist sehr **nervös**.

1898   nervous

In diesem **Nest** sind zwei Eier.

1899   nest

Die Nessel brennt die Haut.

1900   nettle

Spiel **niemals** mit Feuer!

1901   Never play with fire!

neu

1902   new

die Nachrichten

Mutti hört **die Nachrichten**.
Die Nachrichten sind gut.
Hast du **Nachrichten** von zu Hause?

Mother listens to the news.
The news is good.
Any news from home?

1903   news

die Zeitung

1904   newspaper

Sie sind die **nächste** an der Reihe.

1905   Next !

Das Eichhörnchen **knabbert** an einer Nuß.

1906   to **nibble**

Eines dieser zwei Kinder ist sehr **lieb**.

1907   nice

das Nickel

1908   nickel

der Spitzname

Sie **heißt** Ulli Huber, aber ihr **Spitzname** ist Gucki.

Her name is Ulli Huber but her nickname is Gucki.

1909   nickname

Meine **Nichte** ist die Tochter meines Bruders.

1910   My **niece** is my brother's daughter.

Die Eulen jagen bei **Nacht**.

1911   night

die Nachtigall

1912   nightingale

Ein Alptraum ist ein böser Traum.

1913   nightmare

neun

1914   nine

Meine Antwort ist **NEIN**.

1916   no

edel

Der Ritter Woldemar war **edel** und **großmütig**.
Es war eine **edle** Tat, der alten Dame über die **Straße** zu helfen.

Sir Woldemar was noble and generous.
Helping the old lady across the street was a noble deed.

1917   noble

der Edelmann

1918   nobleman

das **neunte** Viereck

1915   ninth

Hier sitzt **niemand**.

1919   nobody

der Lärm

1920   noise

Es ist zwölf Uhr **Mittag**.

1921   noon

der Norden, Nord

1922   north

Auf meiner **Nase** sitzt eine Fliege.

1923   nose

die Nüsse

1924   nuts

der Nußknacker

1925   nutcracker

die **Nylon**strumpfhose

1926   nylon stockings/tights*

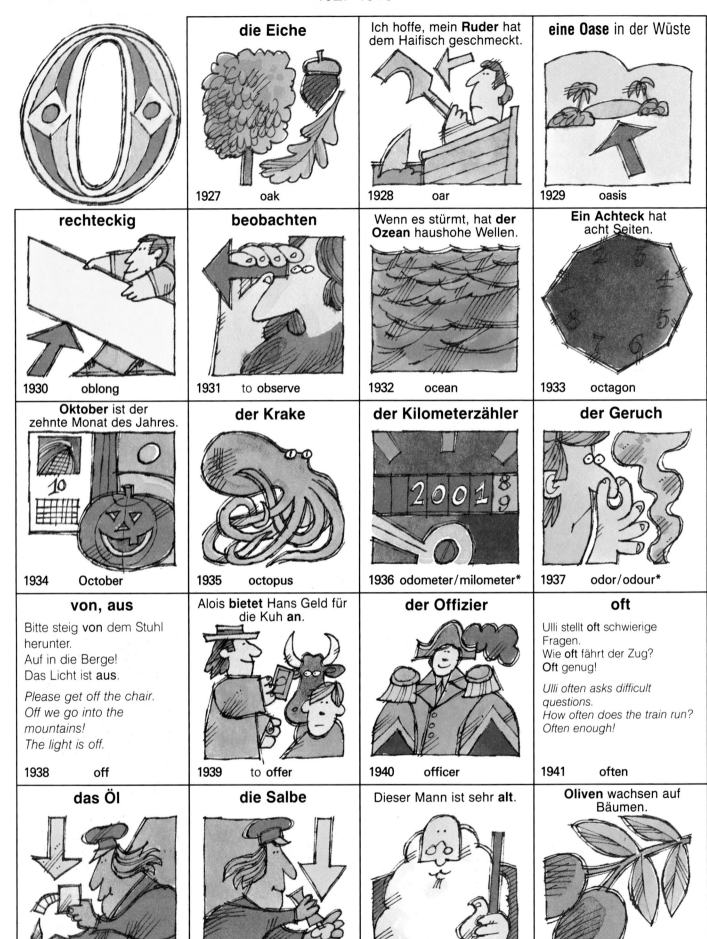

die Eiche
1927   oak

Ich hoffe, mein **Ruder** hat dem Haifisch geschmeckt.
1928   oar

eine Oase in der Wüste
1929   oasis

rechteckig
1930   oblong

beobachten
1931   to observe

Wenn es stürmt, hat **der Ozean** haushohe Wellen.
1932   ocean

Ein Achteck hat acht Seiten.
1933   octagon

Oktober ist der zehnte Monat des Jahres.
1934   October

der Krake
1935   octopus

der Kilometerzähler
1936   odometer/milometer*

der Geruch
1937   odor/odour*

von, aus
Bitte steig **von** dem Stuhl herunter.
Auf in die Berge!
Das Licht ist **aus**.

Please get off the chair.
Off we go into the mountains!
The light is off.
1938   off

Alois **bietet** Hans Geld für die Kuh **an**.
1939   to offer

der Offizier
1940   officer

oft
Ulli stellt **oft** schwierige Fragen.
Wie **oft** fährt der Zug?
Oft genug!

Ulli often asks difficult questions.
How often does the train run?
Often enough!
1941   often

das Öl
1942   oil

die Salbe
1943   ointment

Dieser Mann ist sehr **alt**.
1944   old

Oliven wachsen auf Bäumen.
1945   olive

Kannst du ein Omelett ohne Eier machen?

1946   omelette

---

auf dem Tisch

1947   **on** the table

---

einmal

Es war **einmal** ein kleines Mädchen namens Ulli.
Karl war nur **einmal** im Ferienlager.

Once upon a time there was a little girl named Ulli. Karl has been to summer camp only once.

1948   once

---

nur **eine** Kuh

1949   one

---

die Zwiebel

1950   onion

Ich liebe **nur** dich, Isolde!

1951   my **only** love

Laß die Tür nicht **offen**.

1952   open

---

aufmachen

1953   to **open**

---

die Operation

1954   operation

---

das Opossum

1955   opossum

---

gegenüber, das Gegenteil

Die Familie Huber wohnt uns **gegenüber**.
Gut ist **das Gegenteil** von schlecht.
Was ist **das Gegenteil** von glücklich?

The Hubers live opposite us. Good is the opposite of bad. What is the opposite of happy?

1956   opposite

---

oder

Du kannst deine Hausaufgaben machen **oder** das Geschirr spülen.
Entweder du bist Ullis Freund **oder** nicht.

You can do your homework or wash the dishes. Either you are Ulli's friend or you are not.

1957   or

---

die Orange, die Apfelsine

1958   orange

---

orange

1959   orange

Dieser **Obstgarten** ist voll von Obstbäumen.

1960   orchard

---

das Orchester

1961   orchestra

---

die Orchidee

1962   orchid

Ich möchte gern **bestellen**.

1963   to order

---

das Origanum, der Origano

1964   oregano

---

eine Orgel mit ihren Orgelpfeifen

1965   organ

die Goldamsel, der Pirol

1966   oriole

Ein Waisenkind hat keine Eltern.

1967   orphan

Der Strauß kann nicht fliegen.

1968   ostrich

Der Otter frißt Fische.

1969   otter

Sechzehn **Unzen** machen ein Pfund.

1970   ounce

im **Freien**, in der **Natur**

1971   outdoors

Gefällt dir meine **Kleidung**?

1972   outfit

oval

1973   oval

Der Apfelkuchen ist in der **Röhre**.

1974   oven

Mann **über Bord**!

1975   Man overboard!

der Mantel

1976   overcoat

überlaufen

1977   to overflow

der Überschuh, die Galosche

1978   overshoe

umkippen, kentern

1979   to overturn

schuldig sein, schulden

Du **bist** dem Lehrer Respekt **schuldig**.
Es ist am besten, man **schuldet** kein Geld.

You owe respect to your teacher.
It is best not to owe any money.

1980   to owe

die Eule

1981   owl

haben, besitzen

Ute **hat** ihr eigenes Fahrrad.
Onkel Harry **besitzt** ein kleines Haus.

Ute owns her own bicycle.
Uncle Harry owns a small house.

1982   to own

der Ochs

1983   ox

der Sauerstoff

1984   oxygen

In der **Auster** ist eine Perle.

1985   oyster

P

Ulli **packt** ihren Beutel.

1986   to pack

das Paket

1987   package

Jemand hat auf meinem **Block** gekritzelt.

1988   pad

Gerda hält **das Paddel** in der Hand.

1990   paddle

paddeln

1991   to paddle

das Vorhängeschloß

1992   padlock

die Abschußrampe

1989   pad

Bitte dreh **die Seite** um.

1993   page

Ein voller **Eimer** ist sehr schwer.

1994   pail

die Farbe

1996   paint

Vorsicht! Frisch gestrichen!

1997   wet paint

Gerd hat sich den Finger verletzt und hat **Schmerzen**.

1995   pain

der Anstreicher

2000   painter

Tante Renate hat Gerd gesagt, er soll den Zaun **streichen**.

1998   to paint

der Pinsel

1999   paintbrush

das Gemälde

2001   painting

ein Paar Schuhe

2002   a pair of shoes

der Palast

2003   palace

Diese Blume hat eine ziemlich **blasse** Farbe.

2004   pale

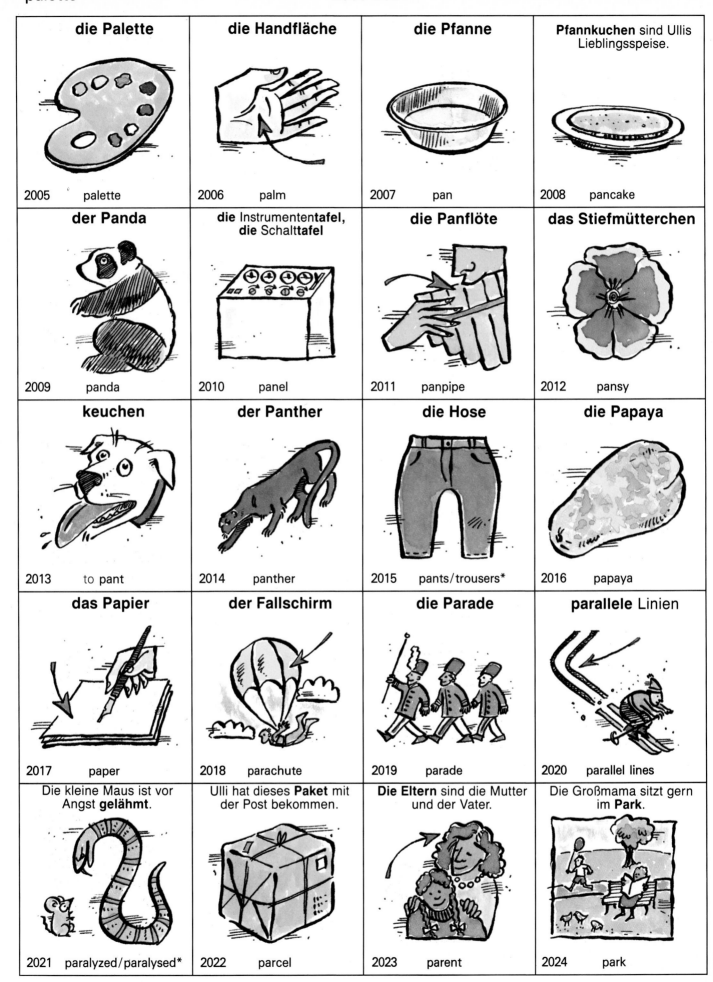

die Palette

2005   palette

die Handfläche

2006   palm

die Pfanne

2007   pan

Pfannkuchen sind Ullis Lieblingsspeise.

2008   pancake

der Panda

2009   panda

die Instrumenten**tafel**, **die** Schalt**tafel**

2010   panel

die Panflöte

2011   panpipe

das Stiefmütterchen

2012   pansy

keuchen

2013   to pant

der Panther

2014   panther

die Hose

2015   pants/trousers*

die Papaya

2016   papaya

das Papier

2017   paper

der Fallschirm

2018   parachute

die Parade

2019   parade

parallele Linien

2020   parallel lines

Die kleine Maus ist vor Angst **gelähmt**.

2021   paralyzed/paralysed*

Ulli hat dieses **Paket** mit der Post bekommen.

2022   parcel

Die Eltern sind die Mutter und der Vater.

2023   parent

Die Großmama sitzt gern im **Park**.

2024   park

Ullis Papa **parkt** seinen Wagen hier.

2025   to park

der Parka

2026   parka

das Parlamentsgebäude

2027   parliament

Dieser **Papagei** spricht mehrere Sprachen.

2028   parrot

die Petersilie

2029   parsley

der Pastinak, die Pastinake

2030   parsnip

Staub**körnchen** tanzen in der Luft.

2031   particle

Karl ist **ein** guter **Partner**.

2032   partner

Ulli mag **eine** lustige **Party**.

2033   party

Marie **spielt** den Ball **zu**. . .

2034   to pass

aber Johann **fällt in Ohnmacht**.

2035   to pass out

der Korridor, der Gang

2036   passage

der Passagier

2037   passenger

Für Reisen ins Ausland braucht man einen **Paß**.

2038   passport

vorbei

Ullis Schlafenszeit ist längst vorbei.
Otto fuhr an unserem Haus vorbei.

It is long past Ulli's bedtime.
Otto drove past our house.

2039   past

Beispiele von **Pasta** sind Spaghetti und Makkaroni.

2040   pasta

Kurt **klebt** die Tapete auf.

2041   to paste

Handarbeiten ist ihr Lieblings**zeitvertreib**.

2042   pastime

Kuchen und Plätzchen sind **Gebäck**.

2043   pastry

Die Schafe grasen auf der **Weide**.

2044   pasture

ein Fleck am rechten Platz

2045   patch

der Pfad, der Fußweg

2046   path

Ulli ist **geduldig**.

2047   She is patient.

ein ängstlicher **Patient**

2048   patient

das Schnitt**muster** für ein Kleid

2049   pattern

eine Pause machen

Ulli hat zwei Seiten gelesen und **machte** dann **eine Pause**. Sie mußte **eine** Atem**pause machen**.

Ulli read two pages after which she made a pause.
She had to pause for breath.

2050   to pause

auf **die Straße** treten

2051   pavement/road*

Wieviele **Pfoten** hat eine Katze?

2052   paw

Deine Eltern müssen viel **bezahlen**.

2053   to pay

der Münzfernsprecher

2054 pay phone/phone box*

der Frieden, Friede auf Erden

2055   peace

der Pfirsich

2056   peach

der Pfau

2057   peacock

der Gipfel

2058   peak

das Glockenläuten

2059   peal of a bell

die Erdnuß, die Aschantinuß

2060   peanut

die Birne

2061   pear

die Perle

2062   pearl

Erbsen in der Schote

2063   peas

In einer Mischung von **Torfmoos** und Erde wachsen Pflanzen gut.

2064   peat moss

Kiesel am Strand

2065   pebbles

Die Pekannuß kommt vom Pekannußbaum.

2066   pecan

picken

2067   to peck

das Pedal

2068   pedal

der Fußgänger

2070   pedestrian

der Fußgängerüberweg

2071   pedestrian crossing

schälen

2072   to peel

strampeln, flott radfahren

2069   to pedal

der Pelikan

2073   pelican

der Füller, der Kuli, die Feder

2074   pen

der Bleistift

2075   pencil

die Pendeluhr

2076   pendulum

der Pinguin

2077   penguin

das Taschenmesser

2078   penknife

Das Fünfeck hat fünf Seiten.

2079   pentagon

viele vergnügte Leute

2080   people

die Pfeffermühle

2081   pepper

das Pfefferminz, die Pfefferminze

2082   peppermint

der Barsch

2083   perch

Sitzt dieser Vogel auf einem Zweig oder auf einer **Stange**?

2084   perch

Es war eine hervorragende **Darstellung**.

2085　performance

das Parfüm

2086　perfume

Der Punkt steht am Ende des Satzes.

glurg.

2087　period/full stop*

das Immergrün

2088　periwinkle

die Person

2089　person

der Schädling

2090　pest

Bruno **plagt** seinen Vater.

2091　to pester

Das ist kein **Haustier**!

2092　pet

Eine Blume hat **Blütenblätter**.

2094　petal

die Petunie

2095　petunia

Die Apothekerin hat die Arznei zubereitet.

2096　pharmacist/chemist*

Das Baby **streichelt** den Hund.

2093　to pet

die Apotheke

2097　pharmacy/chemist's*

der Fasan

2098　pheasant

das Telefon

2099　phone

die Fotografie

2100　photograph

das Klavier

2101　piano

Zieh eine Karte!

2102　to pick

Emilie **hebt** die Puppe **auf**.

2103　to pick up

die Spitzhacke

2104　pickaxe

eingelegte Gurken	Ulli weiß, wie man Pilze **einlegt**.	**das Picknick**	Pablos **Bilder** sind eigentümlich.
2105 pickles	2106 to pickle	2107 picnic	2108 picture
der Kirsch**kuchen**	**ein Stück** Kirschkuchen	**zusammenstückeln**	**ein Pier** am Meer
2109 pie	2110 a piece/slice* of pie	2111 to piece together	2112 pier
das Schwein	**die Taube**	**der Schweinestall**	**ein Haufen** Erde
2113 pig	2114 pigeon	2115 pigsty	2116 pile
Pillen können sehr gefährlich sein.	**der Pfeiler**	Katzen liegen gern auf einem **Kissen**.	**der Kissenbezug**
2117 pill/tablet*	2118 pillar	2119 pillow	2120 pillowcase
Jedes Flugzeug braucht einen **Piloten**.	**der Pickel, die Pustel**	**die Scheren**	**Zwicken** kann weh tun.
2121 pilot	2122 pimple	2123 pincers	2124 to pinch

die Kiefer

2125   pine

Die Ananas wächst nicht auf einem Baum.

2126   pineapple

rosa

2127   pink

Martin raucht gern **Pfeife**

2128   pipe

der Seeräuber

2129   pirate

die Pistazie

2130   pistachio

eine uralte **Pistole**

2131   pistol

Martin **wirft** den Ball.

2132   to pitch

Mitleid haben

Ulli **hat Mitleid** mit dem Jungen, der seine Katze verloren hat.

Ulli pities the boy who lost his cat.

2136   to pity

der Ort

Der schönste **Ort** ist immer noch **der** Heimats**ort**. Möchtest du zu uns kommen?

There is no place like home.
Would you like to come to our place?

2137   place

die Scholle

2138   plaice

der Wurf

He! Das war **ein** guter Wurf!
Diese Dame singt falsch.

Hey, that was a good pitch!
This lady sings off pitch.

2133   pitch

ein **schlichtes** Hemd

2139   plain shirt

die Ebene

2140   plain

planen, entwerfen

2141   to plan

die Heugabel

2134   pitchfork

Dieser **Hobel** gehört dem Tischler.

2142   plane

Die Planeten kreisen um die Sonne.

2143   planets

das Brett

2144   plank

das Teerpech

2135   pitch tar

die Pflanzen

pflanzen

2145 plants

2146 to plant

der Gips

Paula **verputzt** die Wand.

2147 plaster

2148 to plaster

der Kunststoff

2149 plastic

das Plastilin

2150 plasticine

Das ist Ullis **Teller**.

2151 plate

das Plateau, die Hochebene

2152 plateau

Der Zug ist am **Bahnsteig**.

2153 platform

spielen

der Spielplatz

2154 to play

2155 playground

die Spielkarten

2156 playing cards

flehen

2157 to plead

ein **angenehmer** Tag

2158 a **pleasant** day

Ein Glas Milch **bitte**!

2159 A glass of milk, please.

Dieser Schottenrock hat viele **Falten**.

2160 pleat

die Zange

2161 pliers

der Pflug

2162 plow/plough*

rupfen

2163 to pluck

der Stecker

2164 plug

der Stöpsel

2165   plug

die Pflaume

2166   plum

der Klempner, der Installateur

2167   plumber

dick und fett

2168   plump

die Mehrzahl, der Plural

'Ein' ist Einzahl oder Singular.
'Viele' ist **Mehrzahl** oder **Plural**.
'Kinder' ist **die Mehrzahl** oder **der Plural** von 'Kind'.

'One' is singular, 'many' is plural.
'Children' is the plural of 'child'.

2169   plural

Eins **plus** eins ist. . .

2170   plus

das Sperrholz

2171   plywood

Jacques **pochiert** Eier.

2172   to poach

die Tasche

2173   pocket

die Erbsen**schote**

2174   pea pod

das Gedicht

Ein Dichter darf **Gedichte** schreiben
und sollte bei der Wahrheit bleiben.
Doch bleibt er bei der Wahrheit nicht,
So ist es trotzdem **ein Gedicht**.

2175   poem

Es ist unhöflich, mit dem Finger zu **zeigen**.

2177   to point

die Poinsettie

2176   poinsettia

das Gift

2180   poison

giftig

Der Stich gewisser Insekten ist **giftig**.
Es gibt nicht viele **giftige** Schlangen.

Some insects have a poisonous sting.
There are not many poisonous snakes.

2181   poisonous

eine sehr scharfe **Spitze**

2178   point

stupsen

2182   to poke

der Eisbär

2183   polar bear

der Leitungs**mast**

2184   pole

spitzig

2179   pointed

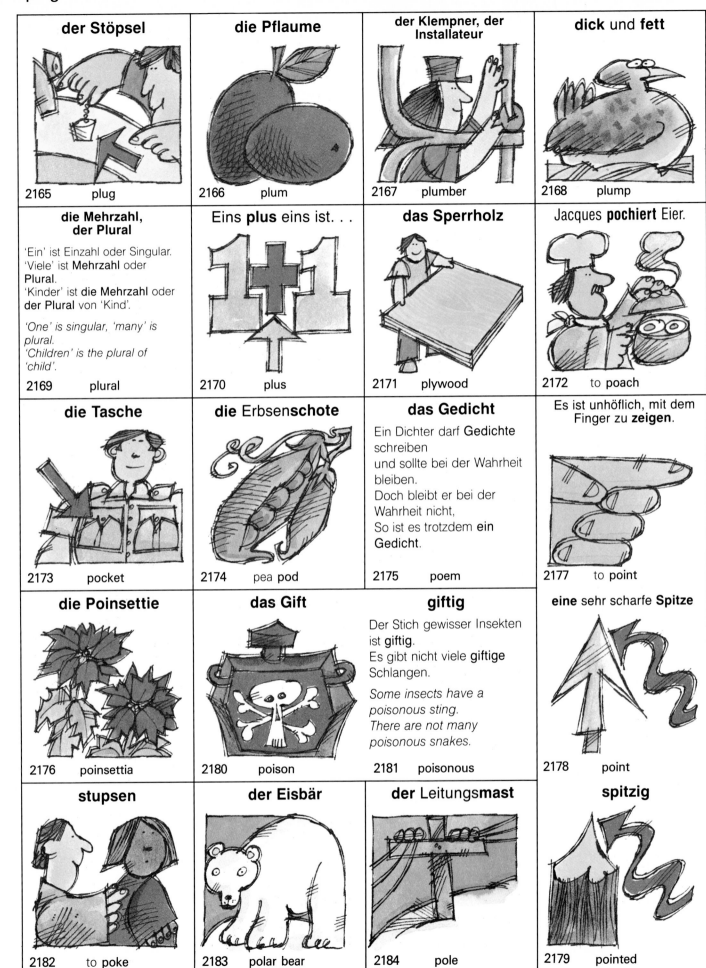

der Polizist
2185   policeman

die Polizistin
2186   policewoman

polieren
2187   to polish

artig, höflich
Jedermann mag **artige** Kinder.
Der Lehrer erwartet eine **höfliche** Antwort.

Everybody likes polite children.
The teacher expects a polite answer.

2188   polite

der Blütenstaub, der Pollen
2189   pollen

der Granatapfel
2190   pomegranate

der Teich
2191   pond

das Pony
2192   pony

Spaß im **Schwimmbad**
2193   pool

Wir **legen** alle unsere Mittel **zusammen**.
2194   to pool

arm, schlecht
Ulli hatte **schlechten** Erfolg, weil sie sich keine Mühe gab. Ihre Familie ist nicht **arm**, aber reich ist sie auch nicht.

Ulli had poor results because she did not make an effort. Her family is not poor but it is not rich either.

2195   poor

knallen lassen, knallen
2196   to pop

die Pappel
2197   poplar

die Mohnblume, der Mohn
2198   poppy

beliebt, populär
Ulli ist allgemein **beliebt**.
Das ist ein sehr **populäres** Buch.

Ulli is quite a popular girl.
This book is very popular.

2199   popular

Alex sitzt auf der **Veranda**.
2200   porch

Die Poren sind kleine Öffnungen in der Haut.
2201   Pores are little holes in the skin.

Haferbrei ist eine Frühstücksspeise.
2202   porridge

der Hafen
2203   port

tragbar
Ulli kann ihren Fernseher nicht aufs Picknick mitnehmen, weil er kein **tragbarer** Fernseher ist.

Ulli cannot take her television set to the picnic because it is not portable.

2204   portable

der Gepäckträger, der Träger

2205   porter

Tante Veras Porträt

2206   portrait

der Pfosten

2207   post

Peter **wirft** einen Brief **ein**.
Er **gibt** den Brief **auf**.

2208   to post

die Ansichtskarte

2210   postcard

das Plakat, der Poster

2211   poster

der Topf

2212   pot

das Postamt

2209   post office

die Kartoffel

2213   potato

das Steingut

2214   pottery

der Beutel

2215   pouch

Die Katze **stürzt sich** auf den Ball.

2216   to pounce

das Pfund

Vier Bananen wiegen ungefähr **ein Pfund**.
Ein Pfund ist ziemlich viel Geld in England.

Four bananas weigh about a pound.
One pound is quite a lot of money in England.

2217   pound

hämmern, klopfen, zerstoßen

2218   to pound

gießen, schütten

2219   to pour

schmollen

2220   to pout

das Puder

2221   powder

üben

2222   to practice/practise*

Auf den **Prärien** wächst viel Weizen.

2223   prairie

loben

2224   to praise

Das Pferd tänzelt.

2225   to prance

beten

2226   to pray

Ich **mag** diese Sorte **lieber.**

2227   to prefer

Sie ist schwanger.

2228   She is pregnant.

Hier! Ich bin **anwesend.**

2229   I am present.

das Geburtstags**geschenk**

2230   birthday present

Franz **präsentiert** die Trophäe.

2231   to present

eingemachtes Obst, eingewecktes Obst

2232   preserved fruit

auf den Knopf **drücken**

2233   to press

hübsch

2234   pretty

Die Eule hat ihre **Beute** gefangen.

2235   prey

der Preis

2236   price

stechen

2237   to prick

ein **stacheliges** Tier

2238   prickly animal

die Volksschule, die Grundschule

2239   primary school

die Schlüsselblume

2240   primrose

der Prinz

2241   prince

die Prinzessin

2242   princess

der Schuldirektor

2243   school principal/Head teacher*

das Prinzip, der Grundsatz

Im **Prinzip** bin ich mit dir einverstanden.
Die Wahrheit ist **ein** heiliger Grundsatz.

In principle, I agree with you.
Truth is a sacred principle.

2244   principle

drucken

2245 to print

Schau, wie **das Prisma** das Licht zerlegt.

2246 prism

Fritz ist für sein Verbrechen ins **Gefängnis** gekommen.

2247 prison

---

der Gefangene

2248 prisoner

---

privat

Ulli und ich unterhalten uns **privat**.
Otto nimmt **Privat**stunden.

Ulli and I are having a private talk.
Otto takes private lessons.

2249 private

Ulli hat dieses Jahr **den ersten Preis** im Schwimmen gewonnen.

2250 prize

---

das Problem

2251 problem

Obst und Gemüse

2252 produce

Es gibt wenig gute Fernseh**programme**.

2254 program/programme*

---

verboten

2255 prohibited

---

das Projekt

Erika arbeitet an einem **Projekt**.
Ulli hatte keinen guten Erfolg mit ihrem **Projekt**.

Erika is working on a project.
Ulli did not do well on her project.

2256 project

Dieses Werk **erzeugt** Autos.

2253 This factory **produces** cars.

Ich **verspreche**.

2257 I promise.

Diese Mistgabel hat vier **Zinken**.

2258 prong

Sprich jedes Wort sorgfältig **aus**.

2259 to pronounce

---

der Beweis für Miezes Schuld

2260 proof of guilt

---

abstützen

2261 to prop

---

der Propeller

2262 propeller

---

richtig angezogen

2263 **properly** dressed

---

das Eigentum, der Grundbesitz

Ulli sagt, ''Das gehört mir'', wenn sie meint, es ist ihr **Eigentum**.
Ihre Familie hat **Grundbesitz** auf dem Land.

Ulli says ''This is mine'' when she means it is her property.
Her family owns property in the country.

2264 property

protestieren	Ich bin eine **stolze** Katze.	Ich kann es **beweisen**, Herr Richter!	**das Sprichwort** Hier ist **ein Sprichwort**: "Der Apfel fällt nicht weit vom Baum."
2265 to protest	2266 I am a **proud** cat.	2267 to prove	2268 proverb
Stühle **bereitstellen**	**Eine Backpflaume** ist eine getrocknete Pflaume.	**ausästen**	der **öffentliche** Fernsprecher
2269 to **provide** chairs	2270 prune	2271 to prune	2272 public telephone/phone box*
Pudding zum Nachtisch	**die Pfütze**	**paffen**	der **Papageitaucher**, der Lund
2273 pudding/afters*	2274 puddle	2275 to puff	2276 puffin
ziehen	**die Riemenscheibe**	**der Pullover**	Der Doktor fühlt Ullis **Puls**.
2277 to pull	2278 pulley	2279 pullover/sweater*	2280 pulse
die Pumpe	**pumpen**	**der Kürbis**	mit der Faust **schlagen**
2281 pump	2282 to pump	2283 pumpkin	2284 to punch

Du bist pünktlich.

2285 You are punctual.

Der böse Otto sticht ein Loch in den Reifen.

2286 to puncture

bestrafen

2287 to punish

die Strafe

2288 punishment

die Marionette

2289 puppet

das Hündchen

2290 puppy

reines Wasser

2291 pure water

lila, violett

2292 purple

Die Katze **schnurrt**, wenn sie zufrieden ist.

2293 to purr

die Handtasche

2294 purse/handbag*

Rex **verfolgt** Mieze.

2295 to pursue

schieben, stoßen

2296 to push

Leg es **hin.**

2297 to put

weglegen

2298 to put away

Gerd **schiebt** seine Hausaufgaben auf später **hinaus.**

2299 to put off

Der Kitt hält die Fensterscheiben fest.

2300 putty

das Puzzle

2301 puzzle

der Schlafanzug

2302 pyjamas*/pajamas

die Pyramide

2303 pyramid

der Python, die Pythonschlange

2304 python

	die Wachtel	eine Uhr von hoher **Qualität**	**Quantität** ist soviel wie Menge.
	2305 quail	2306 quality watch	2307 quantity

sich streiten, zanken	ein Lastwagen am Rand **eines Steinbruches**	**das Viertel**	Das Boot hat am **Kai** angelegt.
2308 to quarrel	2309 quarry	2310 quarter	2311 quay

die Königin	**eine Frage** stellen	Mach **schnell**!	Das Pferd versinkt im **Schwimmsand**.
2312 queen	2313 to ask a question	2314 quick	2315 quicksand

Sie ist **still**.	**der Federkiel**	Das Stachelschwein ist mit **Stacheln** bedeckt.	**die Steppdecke**
2316 She is quiet.	2317 quill	2318 porcupine quill	2319 quilt/eiderdown*

die Quitte	**ein Köcher** voll von Pfeilen	**zittern, beben**	**das Quiz**
			Unsere Klasse hat heute **ein** Rechtschreib**quiz** gehabt. *Our class had a spelling quiz today.*
2320 quince	2321 quiver	2322 to quiver	2323 quiz

R

das Kaninchen

2324   rabbit

der Waschbär

2325   raccoon

um die Wette laufen

2326   to race

der Kleiderständer

2327   rack/hat-stand*

Theodor macht **einen Radau**.

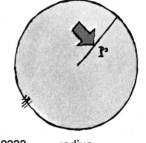

2328   racket

der Heizkörper

2329   radiator

das Radio

2330   radio

der Rettich, das Radieschen

2331   radish

der Radius eines Kreises

2332   radius

das Floß

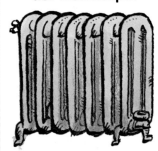

2333   raft

ein Überfall in vollem Gange

2334   a raid in progress

Halt dich am **Geländer** fest.

2335   handrail/banister*

das Eisenbahngeleise, das Gleis

2336   railroad track/railway track*

Es **regnet** in Strömen.

2337   to rain

Ulli beobachtet gern **Regenbogen**.

2338   rainbow

der Regenmantel

2339   raincoat

heben, aufwerfen

Alle, die Ulli gern mögen:
hebt die Hand!
Sie hat eine interessante
Frage **aufgeworfen**.

*All those who like Ulli, raise
your hands!
She has raised an
interesting question.*

2340   to raise

Rosinen sind getrocknete Weinbeeren.

2341   raisin

die Harke, der Rechen

2342   rake

an die Tür **klopfen**	**rasch, schnell**	**selten**	Er hat **einen Ausschlag**.
2343 to rap/knock*	2344 rapid	2345 rare	2346 rash
die Himbeere	**die Ratte**	**die Rassel**	**die Klapperschlange**
2347 raspberry	2348 rat	2349 rattle	2350 rattlesnake
der Rabe	**heißhungrig, ausgehungert**	**die Schlucht**	ein **rohes** Ei
2351 raven	2352 ravenous	2353 ravine	2354 a raw egg
der Sonnen**strahl**	**der Rasierapparat**	Willi **reicht** nach der Zuckerdose und **erreicht** sie!	**lesen**
2355 ray of sunlight	2356 razor	2357 to reach	2358 to read
Auf die Plätze! **Fertig**! Los!	Ist das ein **echter** Diamant?	Das **leuchtet** mir **ein**. Ich **begreife** es!	Bist du **wirklich** hier?
2359 ready	2360 real	2361 to realize/realise*	2362 Are you **really** here?

der Hintern, das Gesäß

2363   rear

der Rückblickspiegel

2364   rearview mirror

Theo **argumentiert** mit der Lehrerin.

2365   to reason

angemessen, vernünftig

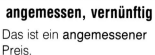

Das ist ein **angemessener** Preis.
Ulli, sei doch **vernünftig**!

That is a reasonable price.
Ulli, please be reasonable!

2366   reasonable

---

rebellieren

Die Leute **rebellieren** gegen hohe Steuern.
Spartakus **rebellierte** gegen Rom.

People rebel against high taxes.
Spartacus rebelled against Rome.

2367   to rebel

Ich **erinnere mich** nicht.

2368   I do not recall.

bekommen

2369   to receive

vor kurzem ausgeschlüpft

2370   recently hatched

---

das Rezept

2371   recipe

Kannst du ein Gedicht **aufsagen**?

2372   to recite

die Schallplatte   der Plattenspieler

2373   record   2374   record player

---

sich erholen, zurückbekommen

Ulli hat sich das Knie arg aufgeschunden, aber sie wird **sich** davon rasch **erholen**.
Ich habe alle Bücher, die ich Ulli geliehen hatte, **zurückbekommen**.

Ulli scraped her knee badly but she will recover quickly.
I recovered all the books which I had loaned Ulli.

2375   to recover

das Rechteck

2376   rectangle

rot

2377   red

das Ried, das Schilf

2378   reed

---

das Korallen**riff**

2379   reef

Etwas **stinkt** da unten sehr!

2380   to reek

Die Angelschnur ist auf **die Rolle** aufgewickelt.

2381   reel

der Schiedsrichter, der Ringrichter

2382   referee

das Spiegelbild

2383 reflection

Laß niemals die Tür vom **Kühlschrank** offen!

2384 refrigerator

ablehnen

2385 to refuse

die Gegend

2386 region

sich einschreiben, sich anmelden

2387 to register

Gerd **bedauert**, was passiert ist.

2388 to regret

Die Schauspieler **proben** ein Theaterstück.

2389 Actors rehearse a play.

das Rentier, das Ren

2390 reindeer

die Zügel

2391 reins

die Verwandten

2392 relatives

sich entspannen, ausspannen

2393 to relax

freilassen

2394 to release

Ich muß **mich** dran **erinnern**.

2395 Remember to brush your teeth.

eine **entlegene** Insel

2396 remote island

Philipp **nimmt** den Hut **ab**.

2397 to remove

mieten

Wir **mieten** eine Wohnung. Wenn du kein Auto hast, kannst du eins **mieten**.

We rent an apartment. If you do not have a car, you can rent one.

2398 to rent

reparieren

2399 to repair

Der Papagei **wiederholt** jedes Wort.

2400 to repeat

ersetzen, auswechseln

2401 to replace

Sie **antwortet** auf seine Frage.

2402 to reply

das Reptil

2403   reptile

Kurt **rettet** die Katze.

2404   to **rescue**

das Reservoir

2405   reservoir

verantwortlich

Ulli, du bist für deinen kleinen Bruder **verantwortlich**.
Vati sieht die ausgegossene Milch und sagt: ''Wer ist dafür **verantwortlich**?''

Ulli, you are responsible for your little brother.
Father sees the spilt milk and says: ''Who is responsible for this?''

2406   responsible

sich ausruhen, ruhen

2407   to **rest**

die Gaststätte, das Restaurant

2408   restaurant

zurückgeben, zurückbringen, zurückkommen

Ulli **gibt** Kurt den Ball **zurück**.
Ulli **bringt** die Leihbücher immer **zurück**.
Ernst ist verreist, aber er **kommt** bald **zurück**.

Ulli returns the ball to Kurt.
Ulli always returns her library books.
Ernst is travelling but he will return soon.

2409   to **return**

im **Rückwärtsgang**

2410   reverse

das Nashorn

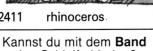

2411   rhinoceros

der Rhabarber

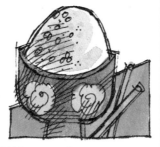

2412   rhubarb

der Abzählreim

Eins, zwei, drei, vier,
fünf, sechs, sieben,
eine alte Frau kocht Rüben,
eine alte Frau kocht Speck,
und du bist weg!

2413   rhyme

die Rippe

2414   rib

Kannst du mit dem **Band** eine Schleife binden?

2415   ribbon

der Reis

2416   rice

reich, satt

Reiche Leute müssen immer den Armen helfen.
Dieses Band hat eine **satte**, rote Farbe.

The rich must always help the poor.
This ribbon is a rich, red colour.

2417   rich

Niemand kann dieses **Rätsel** lösen.

2418   riddle

ein Pferd **reiten**

2419   to **ride** a horse

der Grat, der Kamm

2420   ridge

meine **rechte** Hand

2421   my **right** hand

rechts, recht

Bieg an der Ecke **rechts** ab!
Es ist nicht **recht**, zu stehlen.
Ulli glaubt, sie hat immer **recht**.

Turn right at the corner.
It is not right to steal.
Ulli thinks she is always right.

2422   right

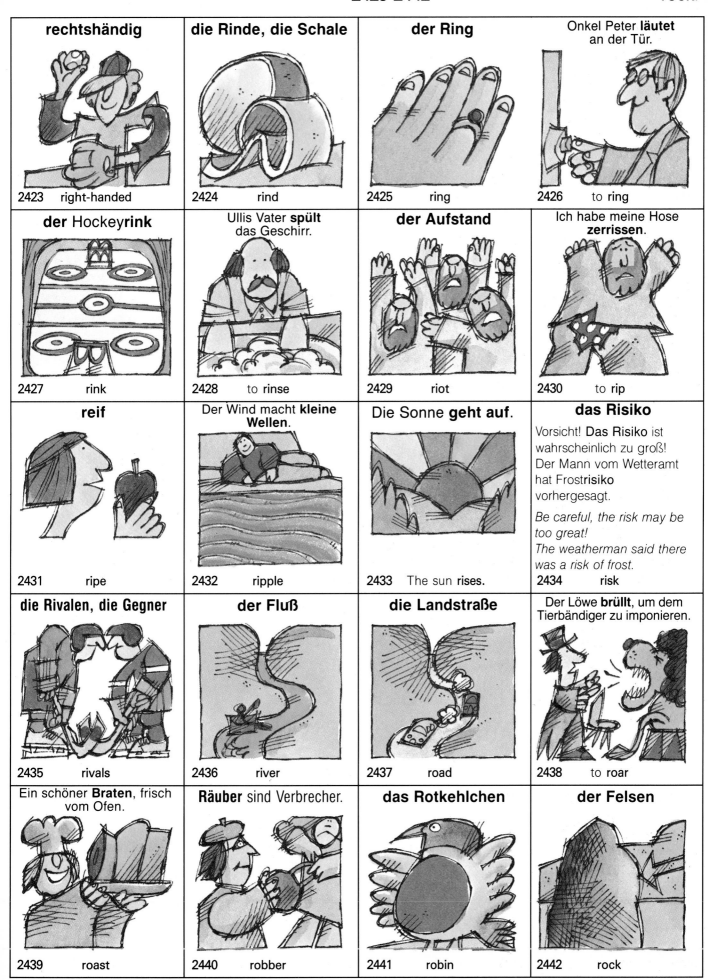

rechtshändig

2423   right-handed

die Rinde, die Schale

2424   rind

der Ring

2425   ring

Onkel Peter **läutet** an der Tür.

2426   to ring

der Hockey**rink**

2427   rink

Ullis Vater **spült** das Geschirr.

2428   to rinse

der Aufstand

2429   riot

Ich habe meine Hose **zerrissen**.

2430   to rip

reif

2431   ripe

Der Wind macht **kleine Wellen**.

2432   ripple

Die Sonne **geht auf**.

2433   The sun **rises**.

das Risiko

Vorsicht! **Das Risiko** ist wahrscheinlich zu groß! Der Mann vom Wetteramt hat Frost**risiko** vorhergesagt.

Be careful, the risk may be too great!
The weatherman said there was a risk of frost.

2434   risk

die Rivalen, die Gegner

2435   rivals

der Fluß

2436   river

die Landstraße

2437   road

Der Löwe **brüllt**, um dem Tierbändiger zu imponieren.

2438   to roar

Ein schöner **Braten**, frisch vom Ofen.

2439   roast

Räuber sind Verbrecher.

2440   robber

das Rotkehlchen

2441   robin

der Felsen

2442   rock

schaukeln	**die Rakete**	**der Schaukelstuhl**	**die Angel**
2443 to rock	2444 rocket	2445 rocking chair	2446 rod
die Rolle	**rollen**	**der Rollschuh**	**das Nudelholz**
2447 roll	2448 to roll	2449 roller skate	2450 rolling pin
Unser Haus hat **ein** Ziegel**dach**.	**das Zimmer**	**sich zum Schlaf niederlassen**	**die Wurzel**
2451 roof	2452 room	2453 to roost	2454 root
das Seil	**die Rose**	**der Rosmarin**	Karin hat **rosige** Wangen.
2455 rope	2456 rose	2457 rosemary	2458 rosy
ein **fauler** Apfel	ein **rauher** Stoppelbart	**rund**	vier Knöpfe in einer **Reihe**
2459 **rotten** apple	2460 rough	2461 round	2462 4 buttons in a **row**

Sie **rudert** schneller als Robert.	Der König ist Mitglied der **königlichen** Familie.	Bälle und Autoreifen werden aus **Gummi** hergestellt.	**der Müll, die Abfälle**
2463 to **row**	2464 **royal**	2465 **rubber**	2466 **rubbish**
der Rubin	**das Ruder**	Er ist **unverschämt**.	ein **rauhes** Gelände
2467 **ruby**	2468 **rudder**	2469 He is **rude**.	2470 **rugged** terrain
die Ruine einer alten Burg	**die Herrschaft, die Regel** Manche Länder stehen unter der **Herrschaft** eines Königs. Ulli verstößt selten gegen die **Regeln**. *Some countries are under the rule of a king.* *Ulli seldom breaks the rules.*	Der König ist der **Herrscher**.	Ich höre ein **Rumpeln**.
2471 **ruin**	2472 **rule**	2473 **ruler**	2474 I hear a **rumble**.
Er **läuft** wie aus der Pistole geschossen.	**weglaufen**	**überfahren**	**sich erschöpfen**
2475 to **run**	2476 to **run away**	2477 to **run over**	2478 to **run out** of energy
hetzen, hasten	**der Rost**	eine tiefe Radspur	**der Roggen**
2479 to **rush**	2480 **rust**	2481 **rut**	2482 **rye**

ein Sack Mehl

2483 sack

Mach es dir zum **heiligen** Prinzip, die Wahrheit zu sagen.

2484 Truth is a **sacred** principle.

traurig

2485 sad

der Sattel

2486 saddle

Was ist in dem **Safe**?

2487 safe

das Segel

2488 sail

das Windsurfbrett

2489 sailboard

das Segelboot

2490 sailboat/sailing boat*

der Matrose

2491 sailor

der Salat

2492 salad

der Ausverkauf

2493 sale

der Lachs

2494 salmon

Salz und Pfeffer

2495 salt

salutieren

2496 to salute

gleiche Kleider

2497 same

der Sand

2498 sand

die Sandale

2499 sandal

Ulli kann sich selbst **ein belegtes Brot** machen.

2500 sandwich

der Saft

2501 sap

Es gehen viele Sardinen in eine Büchse.

2502   sardine

der Satellit

2503   satellite

das Satinkleid

2504   satin dress

Samstag

Samstag ist der sechste Tag der Woche.
Samstag ist ein Tag zum Spielen.
Ulli mag Samstage.

Saturday is the sixth day of the week.
Saturday is play day.
Ulli likes Saturdays.

2505   Saturday

die Sauce, die Soße

2506   sauce/gravy*

die Wurst

2507   sausage

Ich spare mein Geld.

2508   I save my money.

Diese Säge ist sehr scharf.

2509   saw

das Sägemehl

2511   sawdust

Ich sage, was ich denke.

2512   I say what I think.

das Gerüst

2513   scaffolding

sägen

2510   to saw

Gib acht, daß du dich nicht verbrühst!

2514   to scald

die Waage

2515   scale

die Kammuschel, die Jakobsmuschel

2516   scallop

die Kopfhaut, der Skalp

2517   scalp

der Mann mit der Narbe

2518   scar

Es macht ihr Spaß, ihm Angst zu machen.

2519   to scare

Die Vogelscheuche vertreibt die Vögel.

2520   scarecrow

der Schal

2521   scarf

scharlachrot

2522 scarlet

der Tatort

2523 scene of a crime

die Landschaft

2524 scenery

das Stipendium

2525 scholarship

Das ist Ullis **Schule**.

2526 school

der Schoner

2527 schooner

die Schere

2528 scissors

schaufeln

2529 to scoop

der Roller

2530 scooter

versengtes Papier

2531 scorched paper

ein Tor schießen

2532 to score

der Pfadfinder

2533 scout

die Papier**fetzen**

2534 scraps of paper

Mein Knie hat **eine Schramme**.

2535 scrape

das Kratzeisen, der Kratzer

2536 scraper

der Kratzer

2537 scratch

das Fliegenfenster

2538 screen

die Schraube

2539 screw

der Schraubenzieher

2540 screwdriver

Walter **scheuert** den Fußboden.

2541 to scrub

der Bildhauer
2542   sculptor

das Seepferdchen
2543   seahorse

Im Adriatischen **Meer** ist eine Menge Wasser.
2544   Adriatic sea

die Möwe
2545   seagull

der Seehund
2546   seal

die Naht, der Saum
2547   seam

suchen
2548   to search

der Scheinwerfer
2549   searchlight

die Jahreszeiten
Die vier **Jahreszeiten** sind:
Frühling
Sommer
Herbst
Winter

The four seasons are:
spring
summer
autumn
winter
2550   seasons

der Sitz
2551   seat

Ulli hat ihren **Sicherheitsgurt** angeschnallt.
2552   seatbelt

der Tang
2553   seaweed

der **zweite**
2554   second

Ich habe **ein Geheimnis**.
2555   I have a secret.

sehen
2556   to see

die Wippe
2557   see-saw

der Samen
2558   seed

Er **scheint** tot zu sein.
2559   It seems to be dead.

packen, anpacken
2560   to seize

Du bist **egoistisch**.
2561   You are selfish.

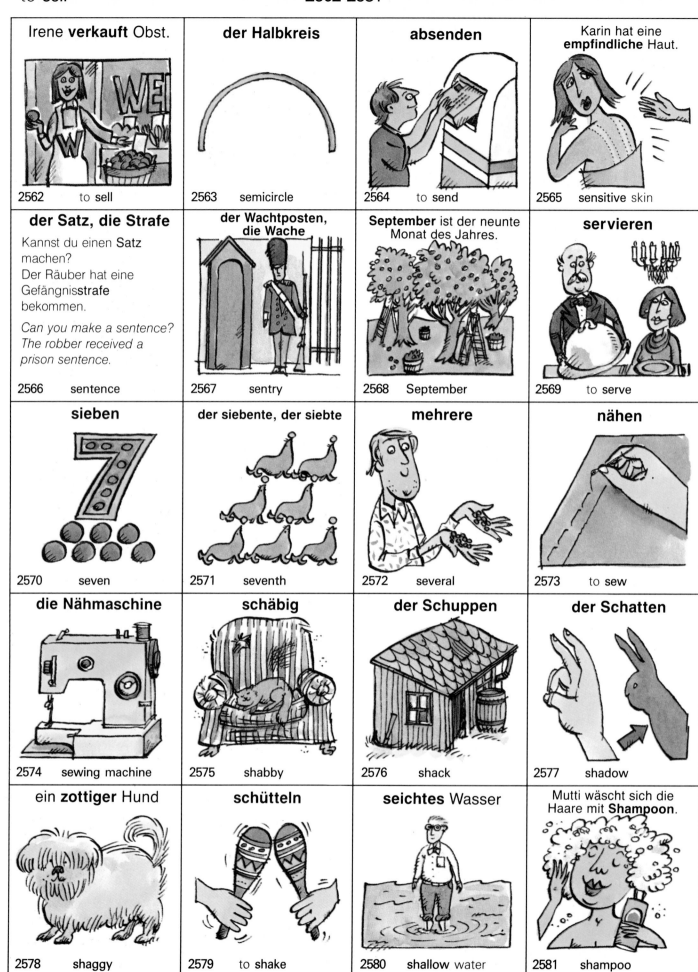

Irene verkauft Obst.

2562   to sell

der Halbkreis

2563   semicircle

absenden

2564   to send

Karin hat eine empfindliche Haut.

2565   sensitive skin

der Satz, die Strafe

Kannst du einen Satz machen?
Der Räuber hat eine Gefängnis**strafe** bekommen.

Can you make a sentence?
The robber received a prison sentence.

2566   sentence

der Wachtposten, die Wache

2567   sentry

September ist der neunte Monat des Jahres.

2568   September

servieren

2569   to serve

sieben

2570   seven

der siebente, der siebte

2571   seventh

mehrere

2572   several

nähen

2573   to sew

die Nähmaschine

2574   sewing machine

schäbig

2575   shabby

der Schuppen

2576   shack

der Schatten

2577   shadow

ein zottiger Hund

2578   shaggy

schütteln

2579   to shake

seichtes Wasser

2580   shallow water

Mutti wäscht sich die Haare mit Shampoon.

2581   shampoo

Wir werden **teilen**.
2582　to share

Lernt **der Haifisch** fliegen?
2583　shark

scharf
2584　sharp

der Wetzstahl
2585　knife sharpener

Das Glas ist **zerschmettert**.
2588　to shatter

(sich) rasieren
2589　to shave

die Gartenschere, die Blechschere
2590　shears

die Schlittschuh-**schleifmaschine**
2586　skate sharpener

die Scheide
2591　sheath

Ulli zählt **Schafe**, um einzuschlafen.
2592　sheep

das Leintuch, das Laken
2593　sheet

der Bleistift**spitzer**
2587　pencil sharpener

das Regal
2594　shelf

die Muschel
2595　shell

die Zuflucht, der Unterstand
2596　shelter

der Hirt
2597　shepherd

der Schild
2598　shield

das Schienbein
2599　shin

Die Sonne **scheint** hell.
2600　to shine

die Schindel
2601　shingle

Die Gürtelrose ist eine Krankheit.

2602   shingles

glänzend

2603   shiny

das Schiff

2604   ship

der Schiffbruch

2605   shipwreck

das Hemd

2606   shirt

vor Kälte zittern

2607   to shiver

Man muß vorsichtig sein, daß man keinen **Schlag** bekommt.

2608   shock

die Schuhe

2609   shoes

der Schnürsenkel

2610   shoelace

der Schuster, der Schuhmacher

2611   shoemaker

schießen

2612   to shoot

der Laden, das Geschäft

2613   shop

der Ladeninhaber, der Geschäftsinhaber

2614   shopkeeper

das Schaufenster, die Auslage

2615   shop window

die Küste, der Strand, das Ufer

2616   shore

kurz, klein

2617   short

die kurze Hose, die Shorts

2618   shorts

die Schulter

2619   shoulder

schreien

2620   to shout

Es ist unhöflich, jemanden beiseite zu **stoßen**.

2621   to shove

die Schnee**schaufel**	**zeigen**	**großtun**	Er ist endlich **erschienen**.
2622 shovel	2623 to show	2624 to show off	2625 to show up/appear*
Klaus nimmt **eine Dusche**.	**kreischen**	**die Krevette**	**eingehen**
2626 shower	2627 to shriek	2628 shrimp	2629 to shrink
der Busch, der Strauch	**das Mischen**	**die Fensterläden**	**schüchtern**
2630 shrub	2631 shuffle	2632 shutters	2633 shy
krank	**die Seite**	**Der Gehweg** ist nur für Fußgänger.	**seufzen**
2634 sick	2635 side	2636 sidewalk/pavement*	2637 to sigh
das Zeichen, das Schild	**ein Signal geben**	**die Unterschrift**	**still**
2638 sign	2639 to signal	2640 signature	2641 siient

still

Ulli ist nicht sehr oft **still**.
Eine **stille** Nacht ist eine ruhige Nacht.

Ulli is not silent very often.
A silent night is a quiet night.

das Fensterbrett, das Gesims

2642   sill

albern

Jörg meint, daß Ulli **albern** ist.
Ulli meint, daß Jörg noch **alberner** ist.

Jörg thinks Ulli is silly.
Ulli thinks Jörg is the sillier of the two.

2643   silly

das Silber

2644   silver

einfach

Es ist die Wahrheit, klar und **einfach**.
Es gibt eine **einfache** Lösung.

It is the truth, pure and simple.
There is a simple solution.

2645   simple

singen

2646   to sing

die Einzahl, der Singular

"Ein" oder "eine" ist **Einzahl** oder **Singular**.
"Mehrere" ist Mehrzahl oder Plural.

"One" is singular.
"Several" is plural.

2647   singular

das Spülbecken

2648   sink

Wenn du nicht schwimmen wirst, **gehst** du **unter**.

2649   to sink

Margit **nippt** von ihrem Getränk.

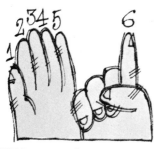

2650   to sip

die Sirene

2651   siren

die Schwester

2652   sister

sitzen

2653   to sit

sechs

2654   six

die sechste

2655   sixth

Gibt es das in meiner **Größe**?

2656   size

eislaufen, Schlittschuh laufen

2657   to skate

das Skateboard

2658   skateboard

Ein Skelett im Schrank?

2659   skeleton

skizzieren

2660   to sketch

die Schier, die Skier

2661   skis

schilaufen, skilaufen

2662   to ski

ausrutschen, schleudern

2663   to skid

die Haut

2664   skin

seilspringen

2665   to skip

der Kapitän

2666   skipper / captain*

der Rock

2667   skirt

der Schädel

2668   skull

Ich sehe weiße Wolken am **Himmel**.

2669   sky

die Feldlerche

2670   skylark

Ein Wolkenkratzer ist ein sehr hohes Gebäude.

2671   skyscraper

Bruno hat die Tür **zugeschlagen**.

2672   to slam

ein **schiefer** Fußboden

2673   slanting floor

ohrfeigen, schlagen

2674   to slap

Zorro **haut** um sich.

2675   to slash

die Schiefertafel

2676   slate

der Schlitten, der Rodel

2677   sled / sleigh*

Zorro **schläft**.

2678   to sleep

der Schlafsack

2679   sleeping bag

Paul ist **schläfrig**.

2680   sleepy

der Eisregen, der Schneeregen

2681   sleet

der Ärmel

2682   sleeve

**die Rutsche,
die Rutschbahn**

2683   slide

schlank

2684   slim

eine **schleimige** Kreatur

2685   slimy

Er hat den Arm in einer
Schlinge.

2686   sling

die Schleuder

2687   slingshot/catapult*

ausrutschen

2688   to slip

der Pantoffel

2689   slipper

schlüpfrig

2690   slippery

Ist das aber
ein Schlamper!

2691   slob

der Hang

2692   slope

der Schlitz

2693   slot

Latsch nicht so!

2694   to slouch

langsamer fahren

Das Auto **fährt langsamer**
um die Ecke.
Fahr langsamer, Vati! Du
fährst zu schnell.

*The car slows down round
the corner.
Slow down, Father! You are
going too fast.*

2695   to slow down

der Matsch

2696   slush

klein

2697   small

gescheit, schlau, schick

Ulli glaubt, sie ist sehr
gescheit, weil sie ihre Prüfung
bestanden hat.
Das war **schlau** von uns.
Sie trägt ein **schickes** Kleid.

*Ulli thinks she is very smart
because she passed her
exam.
This was smart of us.
She is wearing a smart dress.*

2698   smart/clever*

Zertrümmer nicht die Uhr!

2699   to smash

schmieren, beschmieren

2700   to smear

Heinz **riecht** die Blume.

2701   to smell

So ein übelriechendes Stinktier!

2702   smelly

Jemand, der raucht, riecht manchmal ärger als ein Stinktier.

2703   to smoke

glatt

Ulli läuft Schlittschuh auf sehr glattem Eis.
Ein guter Pilot landet sein Flugzeug immer glatt.

Ulli is skating on very smooth ice.
A good pilot always lands his plane smoothly.

2704   smooth

einen Imbiß zu sich nehmen, naschen

2705   to have a snack

die Schnecke

2706   snail

die Schlange

2707   snake

entzweibrechen

2708   to snap

die Trainingschuhe, die Sportschuhe

2709   sneakers/trainers*

niesen

2710   to sneeze

der Schnorchel

2711   snorkel

der Schnee

2712   snow

die Schneeflocke

2713   snowflake

die Schneeschuhe

2714   snowshoes

Wasch dich mit Wasser und Seife!

2715   soap

Fußball heißt in Amerika Soccer.

2716   soccer

die Socke

2717   sock

die Steckdose

2718   socket

das Sofa

2719   sofa/couch*

weich und kuschelig

2720   soft

der Soldat

2721   soldier

die Seezunge

2722   sole

Sie **löst** das Problem.

2723   She **solves** the problem.

einen Purzelbaum machen, einen Überschlag machen

2724   to **somersault**

der Sohn

2725   son

der Gesang, das Lied

2726   song

bald

Es wird **bald** finster sein.
Ulli wird **bald** nach Hause kommen.
Ulli hat ihre neue Puppe **bald** satt bekommen.

Soon it will be dark.
Ulli will come home soon.
She soon tired of her new doll.

2727   soon

der Zauberer

2728   sorcerer

Ich habe einen **wehen** Arm.

2729   My arm is **sore**.

Der Sauerampfer ist sehr schmackhaft.

2730   sorrel

Es tut Rex echt **leid**.

2731   sorry

sortieren

2732   to sort

die Suppe

2733   soup

sauer

2734   sour

der Süden, Süd

2735   south

Die Sau ist die Mutter der Ferkel.

2736   sow

säen

2737   to sow

das Raumschiff

2738   spaceship

der Spaten

2739   spade

Vati **versohlt** Jürgen den Hintern.

2740   to spank

Jedes Auto muß **einen Reservereifen** haben.

2741   spare tire/tyre*

der Funke, der Funken

2742   spark

Ihre Ringe **funkeln** in der Sonne.

2743   to sparkle

der Spatz, der Sperling

2744   sparrow

Sie **sprechen** beide deutsch.

2745   to speak

der Speer

2746   spear

Man kann eine Schildkröte kaum **beschleunigen**.

2747   to speed up

buchstabieren

2748   to spell

ausgeben

2749   to spend

Eine Kugel ist rund.

2750   sphere

stark **gewürzt**

2751   spicy

Die Spinne spinnt ein Netz.

2752   spider

der Stachel

2753   spike

vergießen, ausschütten

2754   to spill

sich drehen, treiben

2755   to spin

der Spinat

2756   spinach

Die Wirbelsäule nennt sich auch **das Rückgrat**.

2757   spine

die Spirale

2758   spiral

der Kirchturm

2759   spire

Spucken ist keine gute Manier!

2760   to spit

platschen, planschen

2761   to splash

Die Späne fliegen nur so.

2762   splinter

verdorbenes Obst

2763   spoiled/rotten* fruit

der Schwamm

2764   sponge

eine Spule Zwirn

2765   spool/reel*

der Löffel

2766   spoon

Wie ist dieser **Fleck** hierhergekommen?

2767   spot

der Schnabel

2768   spout

Ulli hat sich den Fuß **verstaucht**.

2769   to sprain

besprühen, sprühen

2770   to spray

streichen

2771   to spread

die Feder

2772   spring

Der Frühling ist endlich wieder da.

2773   spring

streuen, bestreuen

2775   to sprinkle

rennen, sprinten

2776   to sprint

die Fichte

2777   spruce

Das Wasser sprudelt aus **der Quelle** hervor.

2774   spring

das Quadrat

2778   square

der Kürbis

2779   squash

kauern

2780   to squat

Ulli **drückt** ihren Freund fest an sich.

2781   to squeeze

der Tintenfisch

2782   squid

das Eichhörnchen

2783   squirrel

spritzen, bespritzen

2784   to squirt

Die Pferde sind im **Stall**.

2785   stable

eine Tänzerin auf **der Bühne**

2786   stage

der Fleck

2787   stain

die Treppe, die Stiege

2788   staircase

der Holz**pflock**

2789   wooden stake

altbacken

Altbackenes Brot ist hart und trocken.

Stale bread is dry and hard.

2790   stale bread

die Selleriestange

2791   celery stalk

Der Hengst ist ein männliches Pferd.

2792   stallion

die Briefmarke

2793   stamp

stehen

2794   to stand

der Stern

2795   star

Ulli **starrt** dich an.

2796   to stare

der Star

2797   starling

den Motor **anlassen**

2798   to start a car

verhungern, vor Hunger sterben

Wenn Ulli sagt:''Ich verhungere '', meint sie, sie hat Hunger.
Du wirst nicht vor Hunger sterben, Ulli.

When Ulli says ''I'm starving'', she means that she is hungry. You will not starve, Ulli.

2799   to starve

die Tankstelle

2800   gas/petrol* station

der Bahnhof, die Station

2801   train/railway* station

die Statue
2802   statue

Bleib dort!
2803   **Stay** there!

das Steak
2804   steak

stehlen
2805   to steal

der Dampf
2806   steam

Messer werden aus **Stahl** hergestellt.
2807   Kinves are made of **steel**.

steil
2808   steep

der Stier
2809   steer/bullock*

der Stiel
2811   stem

die Stufe
2812   step

Eva ist in die Pfütze **hineingetreten**.
2813   to step in

steuern, lenken
2810   to steer

Vati hat zum Abendessen einen **Eintopf** gemacht.
2815   stew

ein dürrer Zweig
2816   stick

auf eine Minute **hinausgehen**
2814   to step out

Davids Hände sind **klebrig**.
2817   sticky

steif
Onkel Johann hat ein **steifes** Bein.
Kannst du die Ohren **steif**halten?

Uncle Johann has a stiff leg.
Can you keep a stiff upper lip?

2818   stiff

Es **brennt** sehr.
2819   to sting

der Bienen**stich**
2820   sting

stinken
2821   to stink

Rühr es **um**,
bevor du kostest.

2822   to stir

die Strümpfe

2823   stockings

heizen, schüren

2824   to stoke

der Magen

2825   stomach

Es ist gefährlich, **Steine**
zu werfen.

2826   stone

der Schemel

2827   stool

Sie **bückt sich**, um den
Ball aufzuheben.

2828   to stoop/bend down*

Stopp! Halt!

2829   stop

der Laden, das Geschäft

2832   store/shop*

Hat dieser **Storch** Ulli
gebracht?

2833   stork

der Sturm

2834   storm

Er **hält** den Zug **an**.

2830   He stops the train.

Tante Gisela liest **eine
Geschichte** vor.

2835   story

der Herd

2836   stove/cooker*

gerade

2837   straight

die Zwischenlandung

2831   to stop over

seihen, durchseihen

2838   to strain

**sich anstrengen, sich
abmühen**

2839   to strain

ein sehr **seltsames** Tier

2840   strange

Kurt war zu neugierig. . .Jetzt
würgt der Affe ihn.

2841   to strangle

der Träger
2842   strap

der Strohhalm
2843   straw

die Erdbeere
2844   strawberry

der Bach
2845   stream

der Wimpel
2846   streamer/pennant*

die Straße
2847   street

die Straßenlaterne
2848   street light/lamp*

Wie weit läßt sie sich **auseinanderziehen**?
2849   to stretch

die Tragbahre
2850   stretcher

der Streik
Die Arbeiter sind in den **Streik** getreten, um höhere Löhne durchzusetzen.

The workers went on strike to gain higher wages.

2851   strike

Freunde **schlagen** sich nicht.
2852   to strike

die Schnur
2853   string

viele **Streifen**
2854   stripe

stark
2855   strong

der Schüler
2856   student

studieren
2857   to study

ein **ausgestopftes** Tier
2858   a **stuffed** animal

der Stumpf
2859   stump

Das **Unterseeboot** fährt unter Wasser.
2860   submarine

abziehen, subtrahieren
2861   to subtract

lutschen

2862   to suck

plötzlich

Plötzlich fing es an zu regnen.
Paula ging plötzlich fort.

Suddenly, it began to rain.
Paula left suddenly.

2863   suddenly

Zuviel **Zucker** ist ungesund.

2864   sugar

der Anzug

2865   suit

der Koffer

2866   suitcase

der Sommer

2867   summer

die Sonne

2868   sun

Sonntag

Sonntag ist einer der sieben Tage der Woche.

Sunday is one of the seven days of the week.

2869   Sunday

Eine Sonnenuhr zeigt die Zeit an, nur wenn die Sonne scheint.

2870   sundial

Die Sonnenblume kehrt sich immer der Sonne zu.

2871   sunflower

der Sonnenaufgang

2872   sunrise

der Sonnenuntergang

2873   sunset

Wir kaufen im **Supermarkt** ein.

2874   supermarket

das Abendessen, das Nachtmahl

2875   supper/dinner*

sicher

Ich bin **sicher**, daß morgen ein sonniger Tag sein wird.
Ulli wird **sicher** morgen hingehen.
Das ist ein **sicherer** Weg zum Gewinn.

I am sure tomorrow will be a sunny day.
Ulli will go there tomorrow for sure.
This is a sure way to win.

2876   sure

die Oberfläche

2877   surface

der Chirurg

2878   surgeon

der Familienname

Mein Vorname ist Ulli und mein **Familienname** ist Huber.

My first name is Ulli and my surname is Huber.

2879   surname

die Überraschungsparty

2880   surprise party

sich ergeben

2881   to surrender

Sie haben mich umringt.

2882   to surround

der Hosenträger, die Hosenträger

2883   suspenders/braces*

verschlingen, schlucken

2884   to swallow

der Schwan

2885   swan

tauschen

2886   to swap

ein Schwarm zorniger Bienen

2887   swarm

schwitzen

2888   to sweat

der Pullover, der Sweater

2889   sweater/sweatshirt*

kehren

2890   to sweep

süß

2891   sweet

Der Wagen mußte um die Katze **einen Bogen machen.**

2892   to swerve

Andreas kann gut **schwimmen.**

2893   to swim

die Schaukel

2894   swing

schaukeln

2895   to swing

der Schalter

2896   switch

anmachen, abschalten, tauschen

Bitte **mach** das Licht **an!**
Es ist am besten, wir **schalten** den Fernseher **ab.**
Tauschen wir Plätze, damit du besser siehst?

Switch on the light, please.
It is best to switch off the television.
Shall we switch seats so you can see better?

2897   to **switch**

herabstoßen, niederstoßen

2898   to swoop

das Schwert

2899   sword

die Sykomore

2900   sycamore

Pfannkuchen und Ahornsirup

2901   syrup

der Tisch

2902 table

das Tischtuch

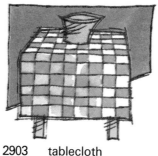

2903 tablecloth

die Tablette, die Pille

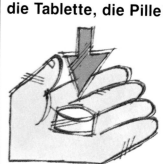

2904 tablet

der Reißnagel, die Reißzwecke

2905 tack

in Angriff nehmen, zu Boden bringen

Ulli muß dieses Problem bald **in Angriff nehmen**. Adam **brachte** den gegnerischen Spieler **zu Boden**.

Ulli must tackle that problem soon.
Adam tackled the opposing player.

2906 to tackle

Aus **Kaulquappen** werden Frösche.

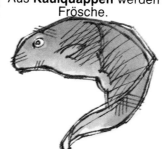

2907 tadpole

der Schwanz

2908 tail

nehmen

2910 to take

auseinandernehmen

2911 to take apart

wegnehmen

2912 to take away

zurücknehmen

2913 to take back

abnehmen

2914 to take off

starten, abfliegen

2915 to take off

herausnehmen, hinaustragen

2916 to take out

Daniel bringt das Essen aus dem **Schnellimbiß** hinaus.

2917 take-out/take-away*

der Schneider

2909 tailor

Frau Schmidt erzählt **eine** schöne **Geschichte**.

2918 tale

das Talent

Sylvia hat **großes** schauspielerisches **Talent**. Ulli und Sylvia treten in der **Talent**show· auf.

Sylvia has a great talent for acting.
Ulli and Sylvia perform in the talent show.

2919 talent

reden

2920 to talk

groß

2921   tall

das Tamburin

2922   tambourine

Zirkuslöwen sind **zahm**.

2923   tame

Sie ist schön braun.

2924   tan

die Mandarine

2925   tangerine

verwickelt, verheddert

2926   tangled

das Reservoir, der Tank, der Wasserspeicher

2927   tank

der Tanker

2928   tanker

Dieser **Hahn** tropft.

2929   tap

das Klebeband, der Klebestreifen

2930   tape

mit Klebestreifen befestigen

2931   to tape

das Tonbandgerät

2932   tape recorder

der Teer

2933   tar

die Zielscheibe, das Ziel

2934   target

der Estragon

2935   tarragon

die Torte

2936   tart

Seine **Aufgabe** ist, den Boden zu fegen.

2937   task

kosten

2938   to taste

schmackhaft

Das Essen hier ist sehr schmackhaft.

The food is very tasty here.

2939   tasty

das Taxi

2940   taxi

eine Tasse Tee	Fräulein Schulz **unterrichtet** uns in der Schule.	Sie ist unsere **Lehrerin**.	Sie sind alle Mitglieder derselben **Mannschaft**.
2941 a cup of tea	2942 to teach	2943 teacher	2944 team
die Teekanne	**die Träne**	**reißen, abreißen**	**Reiß** niemals eine Seite **heraus**!
2945 teapot	2946 tear	2947 to tear	2948 to tear out
das Telegramm	**das Telefon**	**telefonieren**	**das Teleskop**
2949 telegram	2950 telephone	2951 to telephone	2952 telescope
Der Bildschirm des **Fernsehers** muß besser eingestellt werden.	**erzählen**	**das Temperament** Heinz hat **ein** schlechtes Temperament. Er kann sein **Temperament** nicht beherrschen. *Heinz has a bad temper. He cannot control his temper.*	**die Temperatur**
2953 television	2954 to tell	2955 temper	2956 temperature
zehn Äpfel	ein **Tennis**schläger und -ball	der **Tennis**schuh	Ulli schläft gern in **einem Zelt**.
2957 ten apples	2958 tennis racquet and ball	2959 tennis shoe	2960 tent

die zehnte	**das Terminal**	das Wasser **ausprobieren**	**danken**
2961 tenth	2962 terminal	2963 to **test** the water	2964 to thank
Der Boden **taut** im Frühling **auf**.	**das Theater**	**dort**	**der Thermometer**
2965 to thaw	2966 theater/theatre*	2967 there	2968 thermometer
dick	**der Dieb**	**der Schenkel**	**der Fingerhut**
2969 thick	2970 thief	2971 thigh	2972 thimble
dünn	**das Ding** Eine Person ist kein **Ding**. Ulli sagt komische **Dinge**. *A person is not a thing.* *Ulli says funny things.*	**denken**	**die dritte**
2973 thin	2974 thing	2975 to think	2976 third
durstig	**die Distel**	**Ein Dorn** kann weh tun.	**der Zwirn**
2977 thirsty	2978 thistle	2979 thorn	2980 thread

Ulli kann nur eine große Nadel einfädeln.

2981   to thread

drei

2982   three

die Schwelle

2983   threshold

die Kehle

2984   throat

der Thron der Königin

2985   throne

werfen

2986   to throw

erbrechen, brechen

2987   to throw up/be sick*

der Daumen

2988   thumb

ein lauter Donnerschlag

2989   thunder

das Gewitter

2990   thunderstorm

Donnerstag

Donnerstag ist der vierte Tag der Woche.
Ulli nimmt jeden Donnerstag Schwimmstunden.

*Thursday is the fourth day of the week.
Ulli takes swimming lessons every Thursday.*

2991   Thursday

der Thymian

2992   thyme

**die Fahrkarte,
die Eintrittskarte**

2993   ticket

kitzeln

2994   to tickle

**Wenigstens einer von
ihnen ist ordentlich!**

2995   tidy

**Ich kann meine Krawatte
selbst binden.**

2996   tie

der Tiger

2998   tiger

zusammenziehen

2999   to tighten

die Kacheln, die Fliesen

3000   tiles

verschnüren, zubinden

2997   to tie

Das Boot neigt sich gefährlich.

3001   to tilt

Wieviel Uhr ist es?
Wie spät ist es?

3002   What **time** is it?

winzig

3003   tiny

Das Boot ist umgekippt.

3004   to tip

auf Zehenspitzen gehen

3006   tiptoe

Unser Auto braucht neue **Reifen.**

3007   tire/tyre*

müde

3008   tired

ein Trinkgeld geben

3005   to tip

die Kröte

3009   toad

Toast mit Marmelade

3010   toast

der Toaster

3011   toaster

heute

Die Schule fängt **heute** an.
Heute ist Muttertag.
Mach deine Hausaufgaben **heute**!

School starts today.
Today is Mother's Day.
Do your homework today.

3012   today

die Zehen

3013   toes

Wir sitzen **zusammen.**

3014   We are sitting **together.**

die Toilette, das Klo, das Klosett

3015   toilet

die Tomate

3016   tomato

das Grab

3017   tomb

morgen

Morgen ist auch ein Tag.
Ulli wird **morgen** im Museum die Dinosaurier sehen.

Tomorrow is another day.
Ulli is going to see dinosaurs at the museum tomorrow.

3018   tomorrow

die Zange

3019   tongs

Es ist sehr unanständig, **die Zunge** herauszustrecken.

3020   tongue

Er wiegt **eine Tonne**.	die Mandeln	die Werkzeuge	der Zahn
3021 It weighs a **ton**.	3022 tonsils	3023 tools	3024 tooth
das Zahnweh, die Zahnschmerzen	die Zahnbürste	die Zahnpasta, die Zahnpaste	der höchste Punkt
3025 toothache	3026 toothbrush	3027 toothpaste	3028 top
Die Bausteine **sind zusammengefallen**.	**die** olympische **Fackel**	der Tornado	**Der Kreisel** tanzt.
3030 to topple	3031 torch	3032 tornado	3029 top
der reißende Strom	die Schildkröte	Konrad **wirft** ihr den Ball zu.	berühren
3033 torrent	3034 tortoise	3035 to toss	3036 to touch
Ich bin **knallhart**.	abschleppen	Ullis **Handtuch** ist naß.	**der** höchste **Turm** der Welt
3037 I am **tough**.	3038 to tow	3039 towel	3040 tower

Diese **Stadt** ist nicht weit von Ullis Heim.

3041   town

Bitte heb deine **Spielsachen** auf!

3042   toys

pausen, durchzeichnen

3043   to trace

das Geleise, das Gleis

3044   track

der Traktor

3045   tractor

tauschen

3046   to trade

sehr dichter **Verkehr**

3047   traffic

die Verkehrsampel

3048   traffic light

die Fährte, die Spur

3049   trail

In **dem Anhänger** ist ein Pferd!

3050   trailer

der Zug

3051   train

Sie hat Rex gut **abgerichtet**.

3052   to train

der Tramp, der Landstreicher

3053   tramp

Zertrampel nicht die Blumen!

3054   to trample

das Trampolin

3055   trampoline

Ullis Mutti ist nicht **durchsichtig**.

3056   transparent

transportieren

3057   to transport

der Transporter

3058   transporter/lorry*

die Falle

3059   trap

das Trapez

3060   trapeze

Tante Vera reist mit der Bahn.
3061   to travel

ein Tablett voller Getränke
3062   tray

das Profil
3063   tread

der Schatz
3064   treasure

der Baum
3065   tree

Jutta **zittert** vor Angst.
3066   to tremble

der Graben
3067   trench

die Gerichtsverhandlung
3068   trial

Ein Dreieck hat drei Seiten.
3069   triangle

der Trick
3070   trick

Das Wasser **tröpfelt**.
3071   to trickle

das Dreirad
3072   tricycle

der Abzug
3073   trigger

stutzen
3074   to trim

eine kurze **Reise**
3075   a short trip

stolpern
3076   to trip

der Trolleybus, der Obus
3077   trolley bus

Ein Fohlen **trabt** und galoppiert gern.
3078   to trot

der Trog
3079   trough

die Hose
3080   trousers

die Forelle

3081   trout

die Kelle

3082   trowel

der Lastwagen

3083   truck/lorry*

wahr, richtig

Ist es **wahr**, daß Ulli das ganze Meer durchschwommen hat?
Richtig oder falsch?
Ist das eine **wahre** Geschichte?

Is it true that Ulli swam across the whole ocean?
True or false?
Is that a true story?

3084   true

die Trompete

3085   trumpet

der Koffer

3086   trunk

der Stamm

3087   trunk

der Rüssel

3088   trunk

Sie **vertrauen** einander.

3089   to **trust**

Ich bin froh, daß du **die Wahrheit** gesagt hast.

3090   truth

versuchen, auf die Probe stellen

Versuch, dich zu erinnern, wo du deine Sachen hingelegt hast.
Ulli, **stell** meine Geduld nicht **auf die Probe**!
Du mußt es nochmals **versuchen**.

Try to remember where you put your things.
Ulli, do not try my patience!
You must try again.

3091   to try

die Wanne

3092   tub

das Rohr

3093   tube

Dienstag

Dienstag ist der zweite Tag der Woche.
Ulli hat jeden **Dienstag** Klavierstunde.

Tuesday is the second day of the week.
On Tuesdays, Ulli has piano lessons.

3094   Tuesday

ziehen, mit aller Kraft ziehen

3095   to tug

Tulpen blühen im Frühling.

3096   tulip

Gerd **purzelt** auf dem Boden herum.

3097   to tumble

der Tunnel

3098   tunnel

der Truthahn

3099   turkey

drehen

3100   to turn

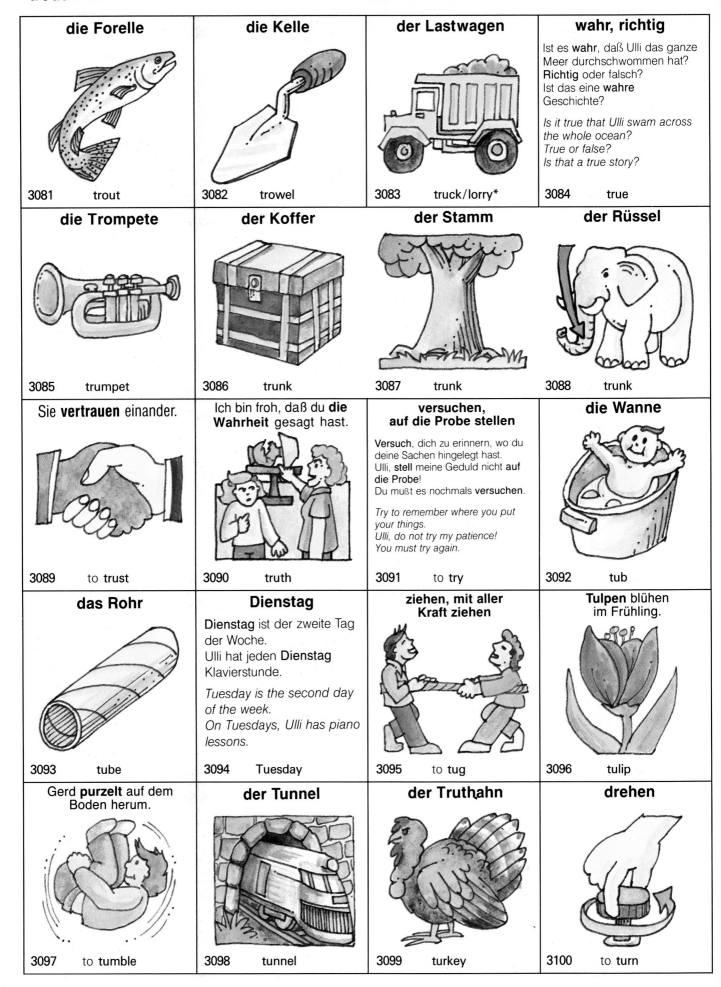

abschalten

3101   to turn off

anschalten

3102   to turn on

sich entpuppen, Ausgang nehmen

Rudi hat **sich** als ein unartiger Junge **entpuppt**. Die Dinge haben einen guten **Ausgang** **genommen**.

Rudi turned out to be a bad boy.
Things turned out well.

3103   to turn out

Christa **wendet** das Steak.

3104   to turn over

die Rübe

3105   turnip

der Plattenteller

3106   turntable

türkis

3107   turquoise

das Türmchen

3108   turret

die Schildkröte

3109   turtle

der Stoßzahn

3110   tusk

die Pinzette

3111   tweezers

zweimal, doppelt

Ulli war **zweimal** im Zoo. Gerd hat **doppelt** soviele Bücher wie ich.

Ulli has been to the zoo twice.
Gerd has twice as many books as I.

3112   twice

der Zweig

3113   twig

die Zwillinge

3114   twins

Die Sterne funkeln.

3115   Stars twinkle.

wirbeln

3116   to twirl

zusammendrehen

3117   to twist

zwei

3118   two

Vati **tippt** den ganzen Tag.

3119   to type

die Schreibmaschine

3120   typewriter

Sie ist häßlich, aber sehr lieb!

3121   ugly

der Regenschirm

3122   umbrella

der Onkel

Mein Onkel ist der Bruder meiner Mutter.
Mein anderer Onkel ist der Bruder meines Vaters.

My uncle is my mother's brother.
My other uncle is my father's brother.

3123   uncle

unter

Ich gehe unter keinen Umständen hin.
Ulli versteckt sich unter der Decke.
Kinder unter 5 können dort nicht hingehen.

I am not going there under any circumstances.
Ulli is hiding under the covers.
Children under 5 cannot go there.

3124   under

verstehen

3125   to understand

die Unterwäsche

3126   underwear

sich ausziehen

3127   to undress

unglücklich

3128   unhappy

Das Einhorn kommt nur in Fabeln vor.

3129   unicorn

Onkel Richard trägt **eine Uniform**.

3130   uniform

die Universität

3131   university

abladen, entladen

3132   to unload

aufsperren, aufschließen

3133   to unlock

auspacken

3134   to unwrap

aufrecht

3135   upright

verkehrt, mit dem Kopf nach unten

3136   upside-down

Mutti **verwendet** Pfeffer beim Kochen.

3137   to use

Sie hat den ganzen Pfeffer **aufgebraucht**.

3138   to use up

ein sehr **nützliches** Taschenmesser

3139   useful

ein Urlaub an der Sonne

3140   vacation/holiday*

der Dampf

3141   vapor/vapour*

Kurt **lackiert** das Holz, damit es glänzt und lang hält.

3142   to **varnish**

die Vase

3143   vase

das Kalbfleisch

3144   veal

das Gemüse

3145   vegetable

das Kraftfahrzeug

3146   vehicle

Gusti trägt einen **Schleier** vor dem Gesicht.

3147   veil

die Ader, die Vene

3148   vein

der Giftstoff
Der **Giftstoff** in manchen Schlangen macht sie gefährlich.
Manche Insekten haben auch **Giftstoffe** in sich.

Venom makes certain snakes poisonous.
Some insects also have venom.

3149   venom

Eine gerade Linie von oben nach unten ist **senkrecht**.

3150   vertical

sehr
Ulli meint, ihr Bruder Karl ist **sehr** gescheit.
Die Suppe wird **sehr** bald bereit sein.
Rex ist ein **sehr** netter Hund.

Ulli thinks her brother Karl is very clever.
Very soon the soup will be ready.
Rex is a very nice dog.

3151   very

die Weste

3152   vest/waistcoat*

Ein Veterinär ist ein Tierarzt.

3153   veterinarian/veterinary surgeon*

das Opfer eines Verbrechens

3154   victim

Videorecorder wird oft mit VR abgekürzt.

3155   video recorder

So geht man doch mit einem **Videoband** nicht um!

3156   video tape

der Ausblick, die Sicht
Als Emma und Ulli campen gingen, hatten sie einen schönen **Ausblick** vom Gipfel.
Jeder sieht die Dinge aus seiner **Sicht**.

When Emma and Ulli went camping, they had a nice view from the top.
We each have our own point of view.

3157   view

das Dorf

3158   village

der Bösewicht

3159   villain

Weintrauben wachsen auf der **Rebe**.

3160   vine

Ulli hat gern **Essig** auf ihren Pommes frites.

3161   vinegar

das Veilchen

3162   violet

die Violine

3163   violin

Man braucht **ein Visum**, um ins Ausland zu reisen.

3164   visa

sichtbar

Es ist heute abend sehr bewölkt und die Sterne sind kaum **sichtbar**.
Der Unsichtbare Mann ist überhaupt nicht **sichtbar**.

There are many clouds tonight and the stars are barely visible.
The Invisible Man is not visible at all.

3165   visible

Rolf **besucht** seine kranke Tante.

3166   to visit

der Augenschirm

3167   visor

der Wortschatz

Wer einen guten **Wortschatz** hat, kennt viele Wörter.
Ein guter **Wortschatz** ist sehr wichtig.

Someone with a good vocabulary knows many words.
A good vocabulary is very important.

3168   vocabulary

die Stimme

3169   voice

der Vulkan

3170   volcano

der Volleyball

3171   volleyball

die Freiwillige, die Volontärin

3172   volunteer

erbrechen, brechen

3173   to vomit

wählen

3174   to vote

der Wähler

3175   voter

der Vokal

Die Buchstaben A, E, I, O, U und Y sind die einzigen **Vokale** im Alphabet.

A, E, I, O, U and Y are the only vowels in the alphabet.

3176   vowel

eine lange See**reise**

3177   voyage

der Geier

3178   vulture

W

Herbert watet direkt hinein.

3179   to wade

die Waffel

3180   waffle

das Fuhrwerk

3181   wagon/cart*

jammern

3182   to wail

die Taille

3183   waist

Karola wartet auf den Autobus.

3184   to wait

Mutti weckt ihn auf.

3185   to wake

gehen, zu Fuß gehen, spazierengehen

3186   to walk

die Mauer

3187   wall

das Portemonnaie

3188   wallet

die Walnuß

3189   walnut

das Walroß

3190   walrus

der Zauberstab

3191   wand

wandern

3192   to wander

mögen, wollen

Wer **möchte** noch Maisflocken oder Müsli?
Vati **will**, daß Ulli beim Abwaschen hilft.
Sie **möchte** helfen, aber es ist kein Wasser da.

Who wants more cereal?
Father wants Ulli to help wash the dishes.
She wants to help but there is no water.

3193   to want

Ulli haßt den Krieg.

3194   war

die Garderobe

3195   wardrobe

das Lagerhaus, das Lager

3196   warehouse

warm

3197   warm

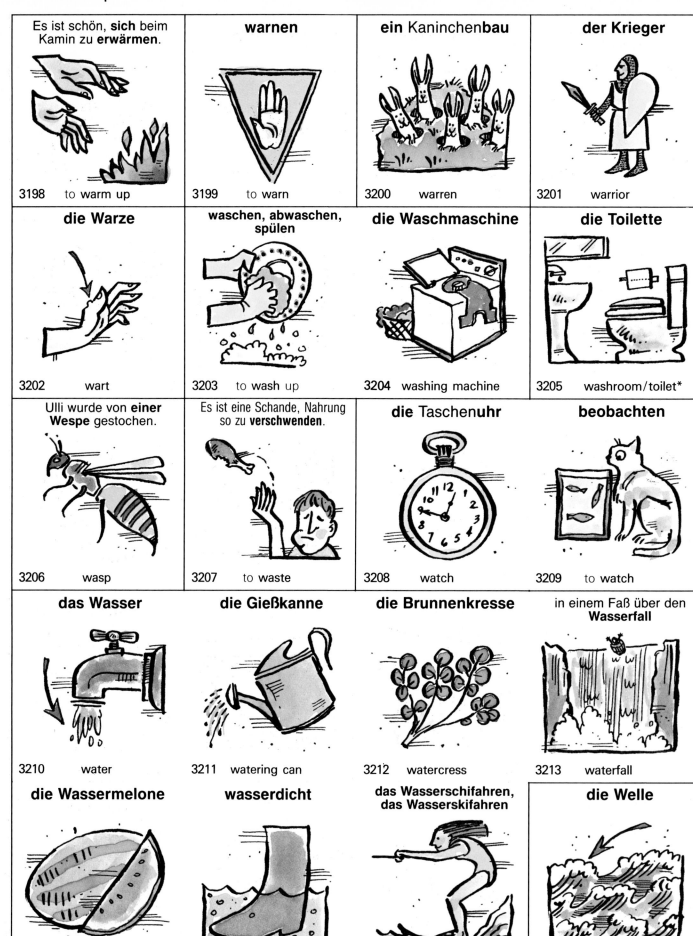

Es ist schön, sich beim Kamin zu erwärmen.

3198 to warm up

warnen

3199 to warn

ein Kaninchenbau

3200 warren

der Krieger

3201 warrior

die Warze

3202 wart

waschen, abwaschen, spülen

3203 to wash up

die Waschmaschine

3204 washing machine

die Toilette

3205 washroom/toilet*

Ulli wurde von einer Wespe gestochen.

3206 wasp

Es ist eine Schande, Nahrung so zu verschwenden.

3207 to waste

die Taschenuhr

3208 watch

beobachten

3209 to watch

das Wasser

3210 water

die Gießkanne

3211 watering can

die Brunnenkresse

3212 watercress

in einem Faß über den Wasserfall

3213 waterfall

die Wassermelone

3214 watermelon

wasserdicht

3215 waterproof

das Wasserschifahren, das Wasserskifahren

3216 waterskiing

die Welle

3217 wave

Käte winkt ihren Freunden zu.

3218   to **wave**

Sie hat welliges Haar.

3219   **wavy**

das Wachs

3220   **wax**

schwach

3221   **weak**

Waffen sind gefährlich.

3222   **weapon**

tragen

3223   to **wear**

das Wiesel

3224   **weasel**

Wie ist das Wetter?

3225   **weather**

weben

3226   to **weave**

der Schwimmfuß

3227   **web foot**

die Hochzeit

3228   **wedding**

der Keil

3229   **wedge**

Mittwoch

Mittwoch ist der dritte Tag der Woche.
Ulli trägt jeden **Mittwoch** den Müll hinaus.

Wednesday is the third day of the week.
On Wednesdays, Ulli takes out the garbage.

3230   **Wednesday**

Wir haben Unkraut im Garten.

3231   **weed**

Jede Woche hat sieben Tage.

3232   **week**

das Wochenende

Tante Vera kommt uns dieses **Wochenende** besuchen.
Der Mann vom Wetteramt sagt, es wird am **Wochenende** regnen.

Aunt Vera will visit us this weekend.
The weatherman says it will rain on the weekend.

3233   **weekend**

Er weint, weil er traurig ist.

3234   to **weep**

wiegen

3235   to **weigh**

seltsam, unheimlich

3236   **weird**

Kim heißt ihren Freund willkommen.

3237   to **welcome**

der Ziehbrunnen

3238   well

Ich fühle mich **wohl**.

3239   I feel **well**.

Wenn N (Nord) oben ist, dann ist W (**West**) links.

3240   west

naß

3241   wet

der Wal, der Walfisch

3243   whale

der Kai

3244   wharf

was

Was ist mit Miezes Pelz passiert?
Ulli, **was** hast du mit deiner Katze gemacht?
Was ist los mit dir?

What has happened to Mieze's fur?
Ulli, what did you do to your cat?
What is it with you?

3245   what

naß machen

3242   to wet

der Weizen

3246   wheat

das Rad

3247   wheel

der Schubkarren

3248   wheelbarrow

der Rollstuhl

3249   wheelchair

wann, wenn

Vati, **wann** kommt Tante Vera?
Wenn das Wochenende anfängt.
Wann ist das?

When is Aunt Vera coming, Father?
When the weekend starts.
When is that?

3250   when

wo

Wir haben uns verirrt und Mutti hat keine Ahnung, **wo** wir sind.
Ich weiß, **wo** es ist, aber ich kann es trotzdem nicht finden.

We are lost and Mother has no idea where we are.
I know where it is but I still cannot find it.

3251   where

Welches?

3252   which one

quengeln

3253   to whine

die Peitsche

3254   whip

der Ziegenmelker, die Nachtschwalbe

3255   whippoorwill

der Schneebesen

3256   whisk

Katzen haben **Schnurrhaare**.

3257   whisker

Ulli flüstert ihrer Freundin ins Ohr.

3258   to whisper

die Pfeife

3259   whistle

pfeifen

3260   to whistle

weiß

3261   white

Wer geht?

3262   Who is going?

warum, weshalb

Ich möchte wissen, **warum** Ulli meine Krawatte genommen hat.
Weshalb kann sie sich nicht erinnern?

I want to know why Ulli took my tie.
Why can she not remember?

3263   why

Der Docht brennt langsam.

3264   wick

böse

3265   wicked

breit

3266   wide

die Ehefrau, die Frau, die Gattin

3267   wife

Der Löwe ist ein **wildes** Tier.

3268   The lion is a **wild** animal.

die Weide

3269   willow

Die Blume **verwelkt**, wenn du vergißt, sie zu begießen.

3270   to wilt

listig, schlau

3271   wily

gewinnen, siegen

3272   to win

Herbert **zuckt** vor Schmerz **zusammen**.

3273   to wince

der Wind

3274   wind

aufziehen

3275   to wind

die Windjacke

3276   windbreaker

die Windmühle

3277   windmill

das Fenster
3278   window

die Windschutzscheibe
3279   windshield / windscreen*

Wein ist nur für Erwachsene.
3280   wine

der Flügel
3281   wing

Die Eule **zwinkert** dir zu.
3282   to wink

der Winter
3283   winter

Bitte **wisch** es sauber.
3284   to wipe

Vögel auf **den Drähten**
3285   wire

weise, klug

Der Großvater ist ein **weiser** alter Mann.
Hältst du es für **klug**, daß Ulli allein im Wald spaziert?

Grandfather is a wise old man.
Do you think it is wise for Ulli to walk in the forest alone?

3286   wise

der Wunsch
3287   to make a wish

die Hexe
3288   witch

der Hexenmeister
3289   wizard

der Wolf
3290   wolf

ein Mann und **eine Frau**
3291   woman

sich wundern, sich Gedanken machen
3292   to wonder

ein **wundervolles** Feuerwerk
3293   wonderful

das Holz
3294   wood

Der Specht frißt Insekten.
3295   woodpecker

der Wald
3296   woods

die Holzarbeit
3297   woodwork

die Wolle

3298　wool

Er hat **ein** sonderbares **Wort** gesagt.

GLÜRP

3299　word

Es gibt viele verschiedene Arten von **Arbeit**.

3300　work

arbeiten

3301　to work

die Werkstatt

3303　workshop

die Welt

3304　world

der Wurm

3305　worm

trainieren

3302　to work out

Mutti **sorgt sich** um Ulli.

3306　to worry

die Wunde

3307　wound

einpacken

3308　to wrap

der Blumen**kranz**

3309　wreath

das Wrack

3310　wreck

der Zaunkönig

3311　wren

ringen

3312　to wrestle

auswinden

3313　to wring

das Handgelenk

3314　wrist

die Armbanduhr

3315　wristwatch

schreiben

3316　to write

falsch, unrecht

Mir scheint, unser Autobus fährt den **falschen** Weg. Es ist **unrecht**, zu schwindeln und zu lügen.

I think our bus is going the wrong way.
It is wrong to cheat and to lie.

3317　wrong

das Röntgenbild  3318 X-ray	**das Xylophon**  3319 xylophone	**eine** ziemlich kleine **Jacht**  3320 yacht

Unser Haus hat einen kleinen **Hof**.

3321   yard/garden*

gähnen

3322   to yawn

Schon wieder ist **ein Jahr** vorbei!

3323   year

brüllen

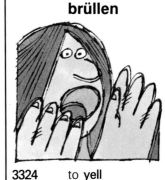

3324   to yell

gelb

3325   yellow

ja, jawohl

Ist es **ja**, nein oder vielleicht?
Kommt Ihr alle mit? **Jawohl**, wir kommen gleich!

Is it yes, is it no or is it maybe?
Are you all coming along?
Yes, in a minute!

3326   yes

gestern

Es war Ulli **gestern** übel, als sie zuviel Eis gegessen hatte.
Was hast du **gestern** getan?

Yesterday Ulli was sick from eating too much ice cream.
What did you do yesterday?

3327   yesterday

Vorfahrtsrecht geben, Vorfahrt gewähren

3328   to yield/give way*

das Eidotter

3329   yolk

jung

3330   young

Ulli hat dieses **Zebra** gezeichnet.

3331   zebra

die Null, null

3332   zero

der Reißverschluß

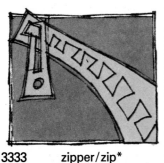

3333   zipper/zip*

der Zoo

3334   zoo

steil aufsteigen

3335   to zoom

Zucchini ist Ullis letztes Wort.

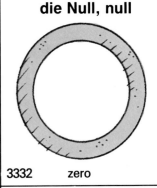

3336   zucchini/courgette*

a

Aal (der) 875
Abakus (der) 1
Abbildung (die) 1427
Abend essen (zu) 871
Abend vor Allerheiligen
    (der) 1243
Abenddämmerung
    (die) 854
Abendessen (das) 772,
    2875
Abenteuer (das) 23
aber 393
Abfall (der) 1103
Abfälle
    verstreuen 1665
Abfälle (die) 2466
abfliegen 2915
Abfluß (der) 815
abgeben 499, 746, 838
abgehen 588
abladen 851, 3132
ablehnen 2385
abmühen (sich) 2839
abnehmen 2397, 2914
abräumen 542
abreißen 2947
abrichten 3052
absagen 410
abschalten 2897, 3101
abschießen 1586
abschleppen 3038
abschneiden 546
Abschußrampe
    (die) 1587, 1989
abseits 78
absenden 2564
abstützen 2261
abwaschen 3203
Abwaschwasser
    (das) 786
abwesend 4
Abzeichen (das) 146
abziehen 2861
Abzug (der) 3073
Achse (die) 139
Achselhöhle (die) 98
acht 878
achte 879

Achteck (das) 1933
ächzen 1208
addieren 16
Ader (die) 3148
Adler (der) 858
Admiral (der) 18
Adresse (die) 17
Affe (der) 79, 1825
Afrika 25
Akrobatin (die) 14
Aktentasche (die) 349
Akzent (der) 6
albern 2643
Album (das) 43
all 46
allein 51
Alligator (der) 48
Alphabet (das) 54
Alptraum (der) 1913
alt 1944
altbacken 2790
Alter (das) 30
Aluminium (das) 58
Ambulanz (die) 60
Ameise (die) 71
Amsel (die) 261
Ananas (die) 2126
anbieten 1939
anfangen 224
Anfangsbuchstabe
    (der) 1440
angeben 330
Angel (die) 1334,
    2446
Angelhaken (der) 1007
angeln 1006
angemessen 2366
angenehm 2158
Angst haben 24
Angst machen 1074,
    2519
anhalten 1245, 2830
Anhänger (der) 3050
Anker (der) 62
anklagen 492
ankommen 102
anlassen 2798
Anlegesteg (der) 797
Anleitung (die) 1450
anmachen 2897
anmelden (sich) 2387

anpacken 559, 1207,
    2560
Anrichte (die) 697
anrufen 411
anschalten 3102
anschnallen 960
Ansichtskarte
    (die) 2210
anstatt 1449
ansteckend 1437
Anstreicher (der) 2000
anstrengen (sich) 2839
Antarktis (die) 72
Antilope (die) 73
Antwort (die) 70
antworten 2402
Anweisung (die) 1450
anwesend 2229
anzeichnen 1737
anziehen (sich) 822
Anzug (der) 2865
anzünden 1638
Apfel (der) 84
Apfelbutzen (der) 85
Apfelsine (die) 1958
Apotheke (die) 2097
Apothekerin (die) 2096
applaudieren 83, 537
Aprikose (die) 87
April (der) 88
Aquarium (das) 90
Äquator (der) 905
Arbeit (die) 1490, 3300
arbeiten 3301
Architekt (der) 92
argumentieren 2365
Arktis (die) 93
arm 2195
Arm (der) 95
Armaturenbrett
    (das) 732
Armband (das) 329
Armbanduhr (die) 3315
Ärmel (der) 2682
arrangieren 100
Art (die) 1528
artig 2188
Artischocke (die) 104
Arznei (die) 1765
Arzt (der) 798
As (das) 10

Aschantinuß (die) 2060
Asche (die) 107
Aschenbecher
    (der) 108
Asien 109
Aspirin (das) 113
Ast (der) 1648
Astronaut (der) 115
Astronom (der) 116
Atem (der) 341
Athletin (die) 118
Atlas (der) 119
atmen 342
Atmosphäre (die) 120
Atom (das) 121
Aubergine (die) 877
auch 57
auf 1947
auf dem Wasser
    treiben 1026
auf die Probe
    stellen 3091
Auf Wiedersehen
    1168
auf Zehenspitzen
    gehen 3006
aufbrauchen 3138
aufbrechen 1049
Aufgabe (die) 2937
aufgeben 1717, 2208
aufgehen 2433
aufhängen 1259, 1261
aufheben 2103
aufladen 492
auflösen (sich) 788
aufmachen 1953
aufpassen 123
aufprallen 320
aufrecht 3135
aufrichtig 1357
aufsagen 2372
aufschließen 3133
aufsperren 3133
Aufstand (der) 2429
aufstehen 1133
aufsteigen 1844
auftauen 2965
aufwerfen 2340
aufziehen 3275
Aufzug (der) 886
Auge (das) 932

g

h

i

Idee (die)   1418
identisch   1419
Idiot (der)   1420
Igel (der)   1301
Iglu (der)   1423
Illustration (die)   1427
Illustrierte (die)   1709
im Haus   1434
Imbiß zu sich nehmen
    (einen)   2705
immer   59
Immergrün (das)   2088
in   1429
in Angriff nehmen   2906
in Ohmmacht
    fallen   2035
in Ordnung
    bringen   1010
in Verlegenheit
    bringen   889
Index (der)   1432
indigoblau   1433
Infektion (die)   1436
informieren   1438
Ingwer (der)   1140
Initiale (die)   1440
Injektion (die)   1441
ins Wasser
    springen   793
Insekt (das)   1444
Insel (die)   1467
Inspektor (der)   1448
inspizieren   1447
Installateur (der)   2167
Instruktor (der)   1451
Interview (das)   1454
Invalide (der)   1458
Irrgarten (der)   1755
Isolation (die)   1452
Isolierung (die)   1452

j

ja   3326
Jacht (die)   3320
Jacke (die)   1473
jagen   1402
Jahr (das)   3323
Jahreszeit (die)   2550
Jahrhundert (das)
    476
Jahrmarkt (der)   941
Jakobsmuschel
    (die)   2516
jammern   3182
Januar (der)   1479
jawohl   3326
Jeans (die)   1482
jeder   857, 914
Jeep (der)   1483
Jockey (der)   1491
joggen   1492
Johannisbeere
    (die)   703
Jongleur (der)   1497
jucken   1469
Jucken (das)   1468
juckend   1470
Juckreiz (der)   1468
Juli (der)   1499
jung   3330
Junge (das)   327, 691
Juni (der)   1506

k

Kabel (das)   402
Kabeljau (der)   570
Kachel (die)   3000
Käfer (der)   221, 372
Kaffee (der)   571
Käfig (der)   404
kahl   154
Kai (der)   2311, 3244
Kakao (der)   568
Kaktus (der)   403
Kalb (das)   408
Kalbfleisch (das)   3144
Kaleidoskop (das)   1511
Kalender (der)   407
kalt   575
Kamel (das)   413
Kamera (die)   414
Kamerad (der)   594
Kamin (der)   1002
Kamm (der)   584, 2420
kämmen   585
Kammuschel
    (die)   2516
Kanal (der)   419, 487
Kanari (der)   420
Kanarienvogel
    (der)   420
Känguruh (das)   1512
Kaninchen (das)   2324
Kanone (die)   425
Kanu (das)   427
Kap (das)   431
Kapelle (die)   162
Kapitän (der)   434,
    2666
Kapitel (das)   488
Kappe (die)   430
Kapuze (die)   1363
Karawane (die)   437
Karfiol (der)   464
Karneval (der)   444
Karotte (die)   448
Karren (der)   450
Karte (die)   438
Kartoffel (die)   2213
Karton (der)   451
Käse (der)   501
Kaserne (die)   178
Kastanie (die)   505
Katalog (der)   458
Katastrophe (die)   779
Kätzchen (das)   1538
Katze (die)   457
kauen   506
kauern   2780
kaufen   398
Kaufhaus (das)   749
Kaufmann (der)   1209
Kaugummi (das)   1232
Kaulquappe (die)   2907
Kavallerie (die)   465
keck   1058
Kegel (der)   607
Kehle (die)   2984
kehren   2890
Keil (der)   3229
kein   1894
Kelle (die)   1555, 3082
Keller (der)   186, 471
kennen   1547
kentern   1979
Kerbe (die)   1214
Kerker (der)   853
Kerze (die)   421
Kerzenleuchter
    (der)   422
Kessel (der)   463
Kette (die)   480
Kettensäge (die)   481
keuchen   2013
Keule (die)   556
Kichererbse (die)   507
kichern   1138
kicken   1518
Kiefer (die)   2125
Kiel (der)   1513
Kieme (die)   1139
Kies (der)   1192
Kiesel (der)   2065
Kilogramm (das)   1525
Kilometer (der)   1526
Kilometerzähler
    (der)   1936
Kilt (der)   1527
Kind (das)   511
Kinderbett (das)   669
Kinderwagen (der)   141,
    447
Kinn (das)   515
Kino (das)   1851
Kiosk (der)   1532
Kipper (der)   852
Kirchturm (der)   2759
Kirsche (die)   503
Kissen (das)   707, 2119
Kissenbezug
    (der)   2120
Kiste (die)   453, 660
Kitt (der)   2300
Kittel (der)   1504
kitzeln   2994
Kiwi (die)   1539
Klapperschlange
    (die)   2350
Klasse (die)   1177
Klassenzimmer
    (das)   538
klatschen   537
Klavier (das)   2101
Klebeband (das)   2930
kleben   2041

L

m

q

r

s